世界城市研究精品译丛

主　编　张鸿雁　顾华明
副主编　王爱松

城市研究核心概念

Key Concepts in Urban Studies

[美] 马克·戈特迪纳 [英] 莱斯利·巴德 著

邵文实 译

江蘇教育出版社 SAGE

图书在版编目(CIP)数据

城市研究核心概念 / 张鸿雁、顾华明主编. —南京:江苏教育出版社,2013.11

(世界城市研究精品译丛)

ISBN 978-7-5499-3639-7

Ⅰ.①城… Ⅱ.①张… Ⅲ.①城市学—研究 Ⅳ.①C912.81

中国版本图书馆 CIP 数据核字(2013)第 272506 号

书　　名	城市研究核心概念
著　　者	[美]马克·戈特迪纳　[英]莱斯利·巴德
译　　者	邵文实
责任编辑	谈允恬
出版发行	凤凰出版传媒股份有限公司 江苏教育出版社(南京市湖南路 1 号 A 楼　邮编 210009)
苏教网址	http://www.1088.com.cn
照　　排	南京紫藤制版印务中心
印　　刷	江苏凤凰新华印务有限公司
厂　　址	江苏省南京市新港经济技术开发区尧新大道 399 号
开　　本	890 毫米×1240 毫米　1/32
印　　张	7.875
字　　数	190000
版　　次	2013 年 12 月第 1 版　2013 年 12 月第 1 次印刷
书　　号	ISBN 978-7-5499-3639-7
定　　价	32.00 元
网店地址	http://jsfhjy.taobao.com
新浪微博	http://e.weibo.com/jsfhjy
邮购电话	025-85406265,84500774　短信 02585420909
盗版举报	025-83658579

苏教版图书若有印装错误可向承印厂调换

提供盗版线索者给予重奖

序

张鸿雁

“他山之石，可以攻玉。”人类城市化的发展既有共同规律，也有不同国家各自发展的特殊道路和独有特点。西格蒙德·弗洛伊德说：“当一个人已在一种独特的文明里生活了很长时间，并经常试图找到这种文明的源头及其所由发展的道路的时候，他有时也禁不住朝另一个方向侧瞥上一眼，询问一下该文明未来的命运以及它注定要经历什么样的变迁。”[①] 经典作家认为城市是社会发展的中心和动力，全球现代化发展的经验和历程证明，凡是实现现代化的国家和地区也基本是完成城市化的国家和地区，几乎没有例外。[②] 同样，中国以往的城市化历史经验也证明，要想使作为国家战略的中国新型城镇化能够健康发展并达到预期目标，就必须总结发达国家城市化发展的经验和教训，

① 西格蒙德·弗洛伊德，《论文明》，徐洋、何桂全等译。北京：国际文化出版社公司，2001.1。

② 张鸿雁、谢静，《城市进化论—中国城市化进程中的社会问题与治理创新》。南京：东南大学出版社，2011。

特别要择优汲取西方城市化的先进理论和经验以避免走弯路。[1] 我研究城市化和城市社会问题已经有近四十年的历史，借此机会把我以往积累的一些研究成果、观点和认识重新提出来供读者参考。

一、对西方城市化理论的反思与优化选择

2013年中国城市化水平超过52%，正在接近世界平均城市化水平，中国成为世界上城市人口最多的国家。关键是，在未来的二十多年里，中国将仍然处于继续城市化和城市现代化的过程之中，而且仍然处于典型的传统社会向现代社会的过渡转型的社会变迁期。这一典型的社会变迁——中国新型城镇化关乎中国现代化的发展方式和质量以及社会的公平问题。

西方城市化的理论与实践成果有很多值得中国学习和借鉴的方面，如城市空间正义理论、适度紧缩的城市发展理论、有机秩序理论、生态城市理论、拼贴城市理论、全球城市价值链理论、花园城市理论、智慧城市理论、城市群理论以及相关城市规划理论等，这些成就对人类城市化的理论有着巨大的贡献，在推进人类城市化的进化方面起到了直接的作用。中国城市化需要在对西方城市化理论充分研究的基础上，对西方城市化理论进行扬弃性的运用，从而最终能够建构中国本土化的城市化理论体系与范式。

我们看到在现代社会发展中，面对越来越多的社会问题，我们解决的手段却越来越少，甚至面对有些问题我们束手无策、无能为力。为什么会这样？即使在已经基本完成城市化的西方国家，在当代仍然存在着普遍的和多样化的社会问题[2]，而且在发达国家这些问题也都

---

① 张鸿雁，“中国新型城镇化理论与实践创新”，《社会学研究》，2013.3。

② 参见张鸿雁，《循环型城市社会发展模式——城市可持续创新战略》。南京：东南大学出版社，2007。

集中在城市，形成典型的“城市社会问题”。如城市贫困、城市就业、城市住房、城市老人社会、城市社会犯罪、富人社区与穷人社区的隔离、城市住区与就业空间的分离、城市中心区衰落以及城市蔓延化等问题，甚至有些在西方城市化进程中已经解决的社会问题，仍然在中国的城市化进程和城市社会中不断发生。这些现象的发生，与我们缺乏对西方城市化理论与模式的全面理解与择优运用有关。

在建构中国本土化城市理论的过程中，对外来城市化理论进行有比较地、批判性地筛选，这不失为一种谨慎的方式。西方城市化发展过程所表现的“集中与分散”的规律，在很大程度上是通过市场机制的创新形成的，可以描述为高度集中与高度分散的“双重地域结构效应”。[①] 美国纽约、芝加哥等城市的高度集中，与美国近 80%左右的人居住在中小城镇里的高度分散，就是这种“双重地域结构效应”的反映。西方城市化理论是以多元化和多流派的方式构成并存在的，既有强调城市化“集中性”价值的一派，亦有强调城市化“分散化”价值的一派，还有强调集中与分散结构的流派。回顾以往，在某种情况下，中国的城市化则把西方城市人口集中的流派作为主要的理论核心模式，如果 21 世纪初的城市化仍然把城市高度人口集中作为主导，这不仅是对西方城市化理论的误读，更是对中国城市化发展道路的严重误导。而事实上，中国通过“制度型城市化”的创造，以西方城市化理论中的集中派理论模式为“模本”，形成了高速与高度集聚的畸形城市化——中国式“拉美经济陷阱”[②]。过度集中和过度集权的城市化成为导

---

① 张鸿雁，《城市化理论重构与城市发展战略研究》。北京：经济科学出版社，2013。

② “拉美陷阱”主要是指南美洲巴西等国家，人均 GDP 超过 3 000 美元，城市化率达到 82%，但贫困人口却占国家人口总数的 34%。一方面是经济较快增长，另一方面是社会发展趋缓；一方面是社会有所富裕，另一方面却是贫困人口增加……在其总人口中有相当规模的人口享受不到现代化的成果。参见：王建平，“避免‘拉美陷阱’”，《资料通讯》，2004(4).46。

致“都市病”深化发展的主要原因之一。如从基本国情的角度讲，仅适于美国等人少地多国家的“城市过度造美运动”以及大尺度、大规模占用土地资源的城市化，推行到土地资源十分紧缺的中国是基本不可行的，从长远利益角度来认识、分析这种现象，这是一种破坏性建设。

在西方的城市化理论中，还有些成果要么是戏剧化的，要么是过于理想化的——从乌托邦的视角提出城市化的理论，被喻为“要构建一个虚拟的理想世界”①，在学理性和科学性方面缺乏社会实践基础，在创造理想模式方面的价值大于实际应用价值。当然，霍华德的“田园城市”理论本身的价值就在于创造“理想类型”，给后人留下更多的空间来加以探讨和完善。西方城市化理论与世界任何理论一样，有其合理内核，亦有典型的历史与现实局限，必须认真选择，优化运用。

二、中西城市化发展的差异认知

与西方城市化“动力因”相似的是，中国城市化的外在形式也是以人口集聚为主要特征。但是，除此而外，中国城市化在发展“动力因”的构成与序列上，非但不同于西方，而且还有着强烈的本土化“制度型动力体系”构成特点，在改革开放的三十多年里，通过“政府制度型安排”形成高速的城市化。所谓“制度型城市化”主要表现为：一是城市化与城市战略的规划是政府管控的；二是城市化与城市建设的投资是以政府为主体的；三是城市化的人口发展模式是政府规划的；四是城市的土地是由政府掌握的，等等。这一动力模式具有强大的权力力量的优势，同时也具有典型的行政命令的弱点。中国城市化以三十多年的时间跃然走过了西方两百年的城市化路程，成就令世界瞩目，

① 尼格尔·泰勒，《1945年后西方城市规划理论的流变》，李白玉等译。北京：中国建筑工业出版社，2006.24～25。

但城市社会问题也越来越深化——这种现象充分说明了中国城市化原动力不足、动力结构不合理的事实，其主要症结在于中国没有本土化的科学的城市理论来引导。

东西方社会发展水平的差异，不仅表现在制度体系结构与个体价值观、人口总量与结构、教育水平与宗教文化传统等方面，表现在生产力发展的阶段性和发展水平方面，同时还表现在文化的总体价值取向方面。西方的资本主义承袭了古典时代思想，并且是从中世纪的土壤中“自然长入”资本主义社会的。“自然长入”的方式显现了西方社会的发展规律和历史逻辑，在这种“历史与逻辑的统一”机制内，使得在城市化中出现的社会结构转型、产业结构转型和文化结构转型，能够基本处于同步进化的结构变迁之中，没有出现典型的“社会堕距”与“文化堕距”。这些证明了西方城市化发展的市场规律运性表现。基于这一认识，我们可以看到，中世纪以来，中西方城市化走了两条不同的道路，两种城市化形态的社会前提、进程、节点和社会结构都是不同的。

西方城市化早期的历史是“双核动力发展模式”，即“城市经济”与“庄园经济”构成“双重动力”，城市工商业和庄园手工业并行发展，中世纪从庄园里逃亡出来的手工业者，较快地转入了工业化的大工业生产。西方城市化与工业化发展的动力来源也可以完整解释为“双核地域空间模式”。而中国是典型的集权的传统农业社会，可以解释为“单核地域空间模式”，城市在江洋大海般的农业社会中生存，没有资产阶级法权意义上的土地关系和契约关系，由此产生的城市化“与传统农村有千丝万缕联系”，及至当代仍然是尚未与传统乡村“剪断脐带”的城市化。这一轮的新型城镇化必须在土地制度上有所突破，进行中国式的“第三次土地革命”①，只有这样才能融入世界城市化和全球一体化浪潮之中。

---

① 张鸿雁，“中国式城市文艺复兴与第六次城市革命”，《城市问题》，2008.1。

三、新型城镇化面临的问题与挑战

中国社会近代以来经历了多种形式的城市社会结构变迁过程①，这种变迁在总体上是一种社会进步型的发展。中国新型城镇化过程是这一变迁的继续，我们不难看到，在城市化的进化型变迁中，在解决传统社会矛盾和问题的同时，也在制造新的社会矛盾和问题，这是符合社会发展普遍规律的，没有不存在问题的社会，亦如发展本身就是问题，现代社会就是风险社会的命题一样，社会存在本身就是问题。因当代中国的城镇化具有历史的空前绝后性，其存在的问题也十分繁杂：有些是传统社会问题，即没有城镇化也存在；有些是城镇化引发和激化了的问题，要梳理出关键点加以解决。

“当我们渐近 20 世纪的尾声之时，世界上没有一个这样的地区：那里的国家对公共官僚和文官制度表示满意。”② 这是美国学者帕特里夏·英格拉姆在研究公共管理体制改革模式时的一段论述。正因为如此，从 20 世纪 60 年代以来，全世界几乎所有的国家都在进行制度改革，只是改革的方式和声势不同，特别是一些发达国家把改革与创新作为同一层次的认知方式，而不是把改革作为一种运动的方式。亨廷顿曾有针对性地对发展中国的现代化提出这样的分析：“现代化之中的国家”，面临着“政党与城乡差别”的社会现实，事实上中国的改革面临的社会现实正是“城乡差异”二元结构深刻的特殊社会历史时期，当代的许多社会问题的发生都与“城乡二元经济社会结构”有关。他认为：“农村人口占大多数和城市人口增长这两个条件结合在一起，就

---

① 张鸿雁等，《1949 中国城市：五千年的历史切面》。南京：东南大学出版社，2009。

② 《西方国家行政改革述评》，国家行政学院国际合作交流部编译。北京：国家行政学院出版社，1998.39。

给处于现代化之中的国家造成了一种特殊的政治格局。”中国城乡差别的现实充分证明了这一点，新型城镇化战略就是为了消灭城乡差别，建构一个相对公平合理的城市市民社会。

著名的历史学家斯宾格勒说：“一切伟大的文化都是市镇文化，这是一件结论性事实。”①人类伟大的文化总是属于城市的，这是城市区别于乡村的真正价值所在，也是人们对城市向往的原因所在。对于城市的“伟大”认知不止于斯宾格勒，早在中世纪，意大利著名的政治哲学家乔万尼·波特若在1588年出版的《论城市伟大至尊之因由》一书就提出了“城市伟大文化”的建构与认知。他对城市的评价是这样的：“何谓城市，及城市的伟大被认为是什么？城市被认为是人民的集合，他们团结起来在丰裕和繁荣中悠闲地共度更好的生活。城市的伟大则被认为并非其处所或围墙的宽广，而是民众和居民数量及其权力的伟大。人们现在出于各种因由和时机移向那里并聚集起来：其源，有的是权威，有的是强力，有的是快乐，有的是复兴。”② 我惊叹于四百多年前的学者能够对城市有如此独到而精辟的论述，虽然这种论述包含着对王权价值的认同，但论者能够从独立的视野中发现城市的价值实是难能可贵。而且，四百多年来人类社会的工业化、现代化和城市化过程也充分证实了这种美誉式的判断。同样，也是在四百多年前，乔万尼·波特若还提出了创造城市伟大文化的方式与入径：“要把一城市推向伟大，单靠自身土地的丰饶是不够的。”③ 城市的发展、建设和再创造，要靠城市公平、开放和创造自由。

《世界城市研究精品译丛》的出版目的十分明确：我国的城市理论研究起步较晚，西方著名学者的研究成果，或是可以善加利用的工具，

---

① 奥斯瓦尔德·斯宾格勒，《西方的没落》，齐世荣等译。北京：商务印书馆，2001.199。

② 乔万尼·波特若，《论城市伟大至尊之因由》，刘晨光译。上海：华东师范大学出版社，2006.3。

③ 同上。

有助于形成并完善我们自己城市理论的系统建构。在科学理论的指导下，在新型的城镇化过程中，避免西方城市化进程中曾出现的失误。新型城镇化是在建立一种新城市文明生活方式，是改变传统农民生活的一种历史性的改变。“新的城镇，也会体现出同社会组织中的现代观念有关的原则，如合理性、秩序和效率等。在某种意义上，这个城镇本身就是现代性的一个学校。”①

该丛书引进西方城市理论研究的经典之作，大致涵盖了相关领域的重要主题，它以新角度和新方法所开启的新视野，所探讨的新问题，具有前沿性、实证性和并置性等特点，带给我们很多有意义的思考与启发。

学习发达国家的城市化理论模式和研究范式，借鉴发达国家成功的城市化实践经验，研究发达国家新的城市化管理体系，是这套丛书的主要功能。但是，由于能力有限，丛书一定会有很多问题，也借此请教大方之家。读者如果能够从中获取一二，也就达到我们的目的了。

张鸿雁：南京大学城市科学研究院　院长

中国城市社会学专业委员会　会长

（2013 年 11 月于慎独斋）

---

① 阿列克斯．英克尔斯、戴维·H. 史密斯，《从传统人到现代人——六个发展中国家中的个人变化》，顾昕译。北京：中国人民大学出版社，1992.319。

目录

前言

当英国 SAGE 出版社的克里斯·罗杰克（Chris Rojek）核准本书时，他想支持“核心概念”丛书的渴望给我们留下了深刻的印象，但作为作者，我们以为这段经历会十分平坦。事实并非如此。

本书的初衷是为大学本科学生提供一种简单的引导，但结果却大大超出了预期。当我们查看概念时，明显地发现，城市研究成了数十年来的草率写作和散漫思维的牺牲品。在城市研究取得重大进步的同时，有大量含混和误解之处渗进了有关城市状况的论著中。以清晰明了且言简意赅的方式将这些城市研究中的基本概念及有关它们的论著集合起来，事实证明的确是项困难的任务。

在下文中，我们努力阐明术语使用方面的混乱之源，并以尽可能精确的语言讨论该学科业已取得的进步。最后，我们希望自己的努力不失其价值，可以用无歧义的语言和不含糊的思维将核心概念还之于城市研究。我们的事业是巴德（英国）和戈特迪纳（美国）真正合作的结晶。因为我们知道，城市研究领域依赖于比较知识，所以我们力图全面覆盖英国和美国的案例，并提供有关全球各地的研究信息。

本书并不是必须从第一个条目“芝加哥学派”开始，然后按部就班地一直读到最后一页。这是本参考书，我们希望它是对城市主义相关课程或项目中所使用的书籍的补充。相应地，你可以拿起它，按照需要从任何一个主题看起。不过，作为作者，我们很愿意提出这样的建议：以下条目也许可以通过另一种更有助于城市研究教学过程的方式得到使用。只要适当，我们都会对相似主题进行前后参照。还有一种循序渐进的方式，可将独立的条目聚合进有可能涉及到城市研究、地理学、规划学或社会学课程的讨论中。为了实现后一目的，我们谦恭地提出以下建议，它们至少实证了可利用下列条目的灵活方式：

城市社会学与城市研究

城市，城市发展模式，郡县，多中心大都会区域，芝加哥学派，城市化与城市主义，社会空间法，社群，邻里街区，后现代和现代城市主义，去疆域化和再疆域化，女性空间，男性空间，移民与境内移民，夜生活与城市夜间景观，行人与机动车，郊区与郊区化，教育与劳动力再生产，环境忧虑，少数民族聚居区与种族隔离，全球城市，全球化，无家可归，住房，不平等与贫困，非正规经济，过度城市化，房地产，贫民窟与棚户区，扩张，不均衡发展，城市暴力与犯罪，规划，可持续城市化，城市政治与郊区政治，城市与郊区的社会运动。

城市规划学

城市，城市发展模式，郡县，多中心大都会区域，城市化与城市主义，社会空间法，社群，邻里街区，后现代和现代城市主义，去疆域化和再疆域化，女性空间，男性空间，移民与境内移民，夜生活与城市夜间景观，行人与机动车，郊区与郊区化，少数民族聚居区与种族隔离，全球城市，全球化，无家可归，住房，不平等与贫困，非正规经济，过度城市化，贫民窟与棚户区，不均衡发展，城市政治与郊区政治，城市与郊区的社会运动，扩张，环境忧虑，新城市主义，规划，房地产，可持续城市化，保护，中产阶级化。

城市地理学

城市，城市发展模式，郡县，多中心大都会区域，芝加哥学派，城市化与城市主义，社会空间法，郊区与郊区化，社群，邻里街区，新城市主义，后现代和现代城市主义，去疆域化和再疆域化，女性空间，男性空间，少数民族聚居区与种族隔离，移民与境内移民，全球城市，全球化，无家可归，住房，不平等与贫困，非正规经济，过度城市化，房地产，贫民窟与棚户区，扩张，不均衡发展，城市暴力与犯罪，环境忧虑，规划。

诚然，并没有确定的方式可将数目准确的基本概念锁定为“必须”包含在此类计划之中，在各种跨学科的课程中使用此书时，也没有确定的方法。我们仅仅在选择条目时，就已经举步维艰。

就此，M. 戈特迪纳极大地受益于以下众人的建议：“我要感谢 Ray Hutchison，Chigon Kim，Joe Feagin，Michael Ryan，Kevin Fox Gotham，Talmadge Wright，John Eade，Jill R. Gottdiener，Richard Mancuso，Sueli Schiffer，Mervi Ilmonen，Heli Vaaranen，Noam Shoval，Gustavo Mesch，José Luis Beraud，Phil Gunn，Paavo Lehtuovari，Massimo Russo，Susana Finquelievitch，Christos Kousidonis，Thomas Maloutas，Jesús Leal，José Candelario，David Diaz，John Altevogt，Andrew Jacobs，Bob Catterall，Paul Chatterton，Virve Sarapik，Trin Ojari，Shira Habot，Dan Webb，Frank Ekhardt，还要感谢一些不知名的审阅人。”

莱斯利·巴德希望向以下人等表示感谢之情：“已故的 Len Stafford，已故的 Mike Cowan，已故的 Georgina Budd，以及 John Parr，他们都对我的成长产生了重要影响。我还想要感谢 Vanessa Davidson 这么多年来对我持续的爱以及个人和专业方面的支持。”

芝加哥学派

对作为唯一聚落空间的城市学术研究在19世纪之前少之又少，直到进入19世纪，德国社会学家马克斯·韦伯（Max Weber）才写了一篇复杂的跟踪分析文章，追溯了它作为一种社会组织现象的历史（1966）。稍后，卡尔·马克思（Karl Marx）的终身挚友、英裔德国人弗里德里希·恩格斯（Friedrich Engels）写了一篇针对资本主义制度下的城市生活的批判文章（1973）。这些努力一直孤掌难鸣，直到进入20世纪，局面才有所改观。就在第一次世界大战爆发之前，芝加哥大学在W. I. 托马斯（W. I. Thomas）和韦伯的学生阿勒比恩·斯莫尔（Albion Small）的领导下，在美国建立了第一个社会学系。他们的兴趣在于社会学的总体方面，但在1913年，他们雇用了对于城市状况有着特殊而强烈兴趣的罗伯特·帕克（Robert Park）。帕克是位新闻记者，在美国南部获得过大量的体验，这使他对于种族歧视习以为常。他还有在明尼阿波利斯、纽约和底特律报道城市犯罪新闻的经历。在攻读社会学博士学位时，他在德国柏林大学待过一段时间，在那里，他师从在城市生活写作方面最负盛名的欧洲社会学家格奥尔格·齐美尔（Georg Simmel，参见“城市”条目）。当芝加哥大学社会学系又雇用了另一位对城市感兴趣的社会学家欧内斯特·W. 伯吉斯（Ernest W. Burgess）时，他们两人开始着手将芝加哥作为一个城市实验室来进行研究。他们共同创建了第一个城市分析“学派”，即芝加哥学派（Chicago School），到20世纪40年代，他们两人及其学生发表了硕果累累的研究论著，包括由专业社会学家所撰写的最早的体系化的田野研究和人种学研究著作。

芝加哥学派成员只关注城市生活。他们称自己的方法为人类生态学（Human Ecology），因为他们受到达尔文的影响，认为人类对于城市环境的社会适应类似于动植物物种自身适应其更加自然的空间的方式（相关批评，参见 Gottdiener，1994；Gottdiener and Hutchison，2000）。芝加哥学派不是强调新城市社会学（New Urban Sociology）的政治经济特征，而是更倾向于一种以生物学为基础、反映人互动关系的隐喻（参见“社会空间法”条目，亦见 Gottdiener and Hutchison，2000）。因此，他们回避对资本主义的研究，更愿意代之以这样的观点：经济竞争体现了将地球上所有物种联合起来的普遍的生存挣扎。根据帕克的看法，城市的社会组织即是这种围绕匮乏的资源而展开的挣扎的结果。这导致了劳动力的复杂分工，因为人们为了生存，得通过寻找可以凭借其“自然”能力去参与竞争的特殊方式，使自己适应那种建立在生物学基础上的竞争。

芝加哥学派的其他成员采用了一种在空间方面更加敏感的方法，同时仍保持着其对于在环境中发挥作用的生物力量而非政治经济力量的重视。罗德里克·麦肯齐（Roderick McKenzie）强调区位的作用，认为在环境中确定一个物理位置是生存斗争的重中之重。功成名就的个体和群体占据了城市里最好的区位——较高的地势、最佳的商业地段、众所向往的邻里街区。那些在这种空间竞争中未获此成功的个体和群体的下场是占据了不大有吸引力的区位。因此，人口会在环境内部根据此过程的结果而自行分类。麦肯齐研究了这种因社会群体和行业而产生的空间分类模式。

欧内斯特·W. 伯吉斯也是芝加哥学派的早期成员之一（参见“城市发展模式”条目）。对于他而言，因生存斗争而导致的空间竞争产生了一种土地使用模式，它由围绕在已中心化的商业区周围的向心居住圈构成。

路易斯·沃思（Louis Wirth）也是该学派的早期成员（参见“城

市”条目）。芝加哥学派的研究者首先从负面的角度去看待城市生活。他们从社会解体的角度来解释诸如犯罪和家庭破裂之类的现象。在他们看来，城市破坏了传统的基本关系，因而导致了城市生活的许多消极方面。后一种态度因其过于蔑视城市生活的观点而遭到批评。另一种批评观点认为，他们的论著偏爱对于地方适应性的基于生物学的方法，从而忽视了文化因素及其符号在决定城市内的空间模式的过程中扮演的角色。1945 年，沃尔特·费瑞（Walter Firey）写了一篇文章，指出波士顿的土地使用模式何以是除对于空间的生物竞争之外的“情感和符号”的表达，从而对伯吉斯的中心地模式提出了批判。尽管存在这些批评，生态学观念依旧持续不衰，因为美国城市学家倾向于忽视政治经济学方法所看重的阶级和种族问题（参见“社会空间法”条目）。

第二次世界大战后，生态学方法得到复苏，但它无视芝加哥学派对于空间竞争的强调，而更支持一种技术决定论形式。这种新观点被称为当代人类生态学（Contemporary Human Ecology）。城市土地使用模式和人口及行为的分配是交流与运输技术的结果。人类生态学家认为，随着这些互动手段的技术变化，社会组织模式也会发生变化。例如，有人声称，尽管郊区化过程自从 19 世纪末期即已在美国的城市中出现，但直到汽车变成许多人都能负担得起的消费商品后，它才成为一种普遍现象。后续的研究推翻了这一言论，确定了这样一个事实：“虽然有轨电车、电气火车和汽车也许会被认为降低了城市中最初的密集程度……但它们并非城区大规模‘倒空’的主要原因。”

20 世纪 70 年代的另一种人类生态学家所持的观点是，随着城市在规模上的扩展，它们的中央商业区也必须在管理功能上有所增长。他们认为，事情之所以如此，是因为城市区域的要求和控制行为必须随着那一区域的增长而增加，正如细胞核会随着细胞的发展而扩大一样。20 世纪 90 年代，一种类似的观点被提出，当时，萨斯基亚·萨森（Saskia Sassen，1991）声称，全球化已借由命令和控制行为的集中而导致了“世界城市”。经过近距离的考察，人类生态学的观点被证明是错误的（Gottdiener，1994）。以公司总部形式出现的命令和控制功能一直以来已随着那些聚集体本身的扩展而被分散至多中心大都会区域的各个地方。例如，在20世纪60年代，纽约城是120多家国内和国际公司的所在地。到20世纪90年代，这一数字降低为不到90家，而正是在这个时候，全球化拥护者们正在将纽约称为“全球城市”。后来，萨森有关命令和控制的集中效应的论点也被证明是错误的（参见“不平等与贫困”条目）。没有证据表明，这些行为如人类生态学方法所坚持的那样，需要市中心区位。不过，全球金融活动所拥有的部门仍旧更青睐于此类市中心商业区的区位（参见“城市”、“全球化”条目）。

无论是传统学派还是当代学派，除了其基于生物学的错误概念外，生态学观点还有许多方面都是错误的。生态学家避而不谈属于资本主义后期分析的社会分类，如阶级和种族。为了与其对生物或生态的强调保持一致，他们将社会互动视为一种适应环境的过程，而非如社会空间观念所认为的那样，是源于经济、政治和文化组织中的强大因素的关系的产物。尽管他们强调区位，却忽视房地产业（参见“房地产”条目）及其在生产发展空间模式中的作用。最后，人类生态学家完全无视政治制度在一种以市场为基础的资本主义经济中在引导资源和调节围绕稀有资源而展开的竞争方面的作用。对于后者，他们聚焦于强调个体决策的市场需求方的观点，而不是供应方的观点，后者凸显了强大的行动者为了获得期望中的结果而在操纵市场方面所扮演的角色。

参考文献

Engels，F. 1973. *The Condition of the Working Class in England*, Moscow：Progress Publishers.

Gottdiener，M. 1994. *The Social Production of Urban Space*，*2nd*

Edition. Austin, TX: University of Texas Press.

Gottdiener, M. and R. Hutchison, 2000. *The New Urban Sociology*, *2nd Edition*, NY: McGraw-Hill.

Sassen, S. 1991. *The Global City*. Princeton, NJ: Princeton University Press.

Weber, Max, 1966. *The City*, NY: The Free Press.

城　　市

城市（city）是个有边界的空间，其居住密度极高，人口相对众多且具有文化方面的异质性。根据对城市定义非常宽松的美国人口普查的说法，任何人口在 2 500 人及以上的、合并为一个自治市的地方都可以是一座城市（更深入的讨论参见有关“郡县”、“城市化与城市主义”条目）。

美国的许多时常被提及的地方，如洛杉矶、拉斯维加斯或纽约，都不是真正的城市，而是都市化了的多中心大都会区域，即 MMRs（参见“多中心大都会区域”条目）。“城市”一词被大大地过度使用了，常常只是这些持续都市化的庞大区域的速记名称罢了。在欧洲，“都市”（megapolis）和“大都会”（metropolis）这两个词在战后时期一直被相互交换着使用，用以描绘像伦敦和巴黎这样各不相同的城市。现在，这些词已让位于“城市区域”（city-region）。这种变化部分地反映了因规划限制所导致的大都会发展的限定性本质。也就是说，许多城市的边界受到政府调控的人工维持。例如，伦敦的城市绿化带限制了大都会区域的向外增长。在伦敦周围维持了一圈绿地的城市绿化带政策也许阻止了区域性扩张，但也导致了 NIMBY（别在我的后院）现象。在此案例中，已从郊区绿地的开发中获得益处的居民随后竭力通过反对包括新基础设施在内的后续开发来限制新来者获得这些相同的益处。这种通过政府限制来维持城市边界的政策也使土地市场发生了扭曲，导致针对现有居民住房的持续的财富效应。

城市之所以重要，主要是因为它们的政治影响力。美国城市作为合为一体的自治市，有权征税，也有权通过债券及其他金融手段来募集钱财。它可以合法地雇佣自己的警察队伍，为自己的居民提供一切社会服务。城市拥有自我管理权，拥有自己的经过选举的官员。后者的结果是，城市行政部门拥有全国性的政治权力。市长拥有全国性的政治影响力，比市郊对手的权力要大得多，而这正是城市本身非常重要的原因。

与美国不同，在欧洲，正式的市政状况因不同的政府及管理体系而大不相同。在法国，巴黎、里昂、马赛、里尔和波尔多这五座最大的城市行使着巨大的正式或非正式的权力。在德国，汉堡、不来梅和柏林等城市通过一种使自己的地位相对高于其他城市的政府体系来进行运作。在英国，伦敦是占有统治地位的城市，它的权力和影响力都正式地或非正式地超过了其他城市。这些准国家政府体系在英国还时常发生变化。目前，在英国，有种向城市区域之概念及区域平衡的观念回归的转变。

城市的政治地位与其作为经济活动场所的地位有关。尽管大型跨国公司显然正朝着全球化和数字化的方向毫不留情地大踏步前进，但它们仍旧群聚在某些世界大城市之中。协同定位的好处体现为以专家劳动力市场、交通可及性和实现对共同生活方式的渴望之可能性等形式出现的聚集经济（agglomeration economies）。伦敦市因这些聚集收益而保持了自己作为世界首当其冲的金融中心之一的地位（Budd and Whimster，1992）。

城市之所以被认为是重要的，还因为它们是“都市文化”的所在地。在过去，这一特性很容易理解，因为它与乡村亦即农村地区的文化判然有别。然而，数十年的郊区化以及国家媒体普遍存在的影响力已极大地模糊了这种差别，所以其价值在今日已变得有限。一个为其他区域所没有的城市特征是存在一种充满生机的街头和人行道文化。城市学家简·雅各布斯（Jane Jacobs，1961）声称，城区街道是城市生活的基本方面（参见“邻里街区”、“新城市主义”条目）。这种别具一格的人行道特征时常受到特意构筑的环境刺激，如大型购物商场和以城市为主题的游乐场，类似于环球影城的“城市步道”（CityWalk）（参见“行人与机动车”条目）。在20世纪70年代的伦敦，以前的水果和蔬菜市场科芬园（Covent Garden）变成了一个人造的都市村庄，其尽头是人造的乔治亚时代的拱廊，此举乃是在大力模仿洛杉矶环球影城中的那个都市村庄。

从第二次世界大战起，美国城市经历了巨大的变迁，工业的衰退、崩塌的住宅和学校、过度拥挤的邻里街区、严格的种族隔离和种族创伤、与日俱增的犯罪和暴力，以及惊人的税收枯竭，共同导致了一道令人不安的都市景观的出现。在一个很短的时间里，在20世纪60年代和70年代初期，大规模的政府干预似乎指出了城区救赎之路。但是，紧随着大规模的城市复兴、高速公路的建设以及野心勃勃的公有住房项目之后，城市似乎变得比以前任何时候都更为糟糕。

在欧洲，第二次世界大战的影响一直刻骨铭心，相当多的城市景观都遭到了破坏。重建历史都城身份的意义一直是主要焦点。时至今日，因为19世纪末20世纪初的音乐和艺术而成为快乐原则之都（City as Pleasure Principle）的维也纳以及“灯光之都”（Capital of Light）的巴黎，依然在城市景观的再建之中有着共鸣（Hall，1998）。

路易斯·沃思与作为一种生活方式的城市

沃思将城市定义为三个关键变量的结合——大小、密度和人口的异质性或多样性。他提出一种理论：这三个变量的程度越高，则该地方的城市化程度就越高。例如，人口越多，就会有越多的正式的、次级的和第三级的社会关系代替传统社群中的初级关系，那么大众就会愈加默默无闻。较大的密度会加重匿名效应，也会导致源于被证明是对过度刺激的需求无动于衷的态度。较大的密度会导致对陌生人较大的容忍度，但也导致了较大的压力——两者都是城市生活的属性。异质性也会导致容忍，因为有那么多不同的人在进行互动。

尽管经过多年的研究，但并无证据支持沃思的理论。很显然，大小、密度和异质性都定义着城区地域，特别是在这些变量非常大时，但这其中任何一个变量的增加或它们的结合并不一定会产生更加“城市化的”效果。一些相对较小的城市，如旧金山，城市化程度极高，极具多样性，而另一些较大的城市，如印第安纳波利斯或纳什维尔，城市化的程度则低得多。沃思的理论未考虑到不同国家的文化如何决定了城市发展的途径。在英国，格拉斯哥可以被认为是唯一真正算得上城市的地方，因为它有高度集中的单元住宅（公寓）区和住宅服务设施。在英格兰，对于在康斯太伯（Constable）的画作《干草车》（*The Hay Wain*）和威廉·科贝特（William Cobbett）的作品《骑马乡行记》（*Rural Rides*）中得到强烈表达的“绿色的乐土”的怀古之思，直到最近，还在创造一种反都市文化，提出了“完美的”郊区的理想。在英国住宅市场占主导地位的业主居住模式也倾向于鼓励郊区化。与此同时，在过去的 10 年中，又一直有种倾向于城区化的相反趋势，在伦敦和巴黎这样地方的城区住宅有所增加。以下几种因素的结合引起了人口的大量涌入：活跃的文化资源、新移民（尤其是来自亚洲或北非的新移民）、以及将通常临水的办公大楼二次开发作为有钱人的封闭式高档公寓所带来的房地产利益。

沃思的一个重要贡献在于他对不同类型关系的鉴别。任何有关城市的定义都必须对初级、次级以及第三级社会关系予以区分。沃思接受了这样的观点：在乡村社区区域占主导地位的是初级的、即面对面的和个人间的关系。相反，城市则不那么个人化，主要由次级及第三级关系所支配。次级关系是那些建立在偶然但直接的人际接触基础之上的关系。它们专指一种指定的角色或功能，如顾客与服务工作者之间的关系。例如，在银行，出纳员对顾客彬彬有礼，但顾客每次遇到的出纳员也许都并不完全相同。于是，这种关系就局限在基于一种经济功能的短暂相逢中。此类互动完全不同于人们从朋友、家人和亲密的社群纽带那里获得的初级关系，也更加非个人化。第三级关系也是如此。

第三级关系也是大型城市环境的特征。它们建立在间接的关系和接触基础之上，如通过电话的使用，或通过最正式的业务关系类型。当个人与一家公司有业务往来时，他们也许会与一个人交流，但那人只是公司本身的一个代表。当互动极其正式时，就构成了第三级关系。

根据沃思的理论，他相信城市生活截然不同于乡村的、社区的存在，因为在城市中居主导地位的是次级和第三级关系。他活得不够长，未见到我们在今日社会所拥有的互联网关系这一新类型。电脑互动涉及非面对面的、无实体的关系，从非常个人的环境到依赖个人环境的第三级环境，其范围非常广大。因此，互联网构成了一个独立的互动维度，它既可强化也可超越被沃思认为是所有城市之特征的非个人的城市生活文化。

刘易斯·芒福德与作为文明之地的城市

美国城市学家刘易斯·芒福德（Lewis Mumford，1961）对城市生活的看法不同于沃思。芒福德的观点强调城市在行为中所培养出的互动性和社会性的角色。他未采取沃思所说的城市孕育了非个人的关系的那种区分法。取而代之的是，他相信，重要的初级关系在城市中得到了确立，导致了社会的创新。在芒福德看来，城市生活是富于创造性的和戏剧性的，城市是文明之地，经过数世纪的时间，导致了无数的创造发明。“城市是社会活动的剧场。”他说。所有城市功能都因必须发生在城市街道生活的舞台场景之上而得到了极大的强化。

芒福德认为，密集的社会互动是城市生活的生命力，这种观点影响了整整一代城市学家。例如，简·雅各布斯强力支持可步行的城市以及街头文化的重要性，其做法与威廉·H. 怀特（William H. Whyte）如出一辙（1988，参见“新城市主义”、“行人与机动车”条目）。法国城市学家罗兰·巴特（Roland Barthes）将市中心的紧凑生活视为一种性欲亢进，在这里，多样性无处不在，人们可以从安全的距离彼此观察（Gottdiener，2001）。这刺激了幻想和兴奋之情。城市规划师艾伦·雅各布斯（Allan Jacobs）和唐纳德·阿普尔亚德（Donald Appleyard）也以督促设计师要强调街头生活的方式对这些观点发出共鸣（2003）。新城市主义者在概念方面对他们的著作加以扩展。像芒福德和怀特的看法一样，城市的公共空间成了舞台，居民可以在舞台上进行表演，与城市文化的益处进行互动。

在有一点上，芒福德与沃思达成了共识。在两人都将之构想为一个有限空间的城市中（批评意见参见“多中心大都会区域”条目），社会关系也被组织为群体和社会团体。有家庭、邻里街区以及自愿的和行业的联盟。这些群体社团中有许多都会产生的固定场所，因为它们位于如住宅、政府机关和办公大楼这样的有组织的、物理的结构之中。按照芒福德的说法：

> 城市存在的基本物理手段是供集会、交流和保管之用的固定场所、经久耐用的庇护所、永久的设施；基本的社交手段是劳动力的社会分工，它不仅服务于经济生活，而且也服务于文化进程……所以，完全意义上的城市是一种地理性的网状组织、一种经济组织、一种制度性进程、一座社会活动的剧场，以及一个集体统一性的审美符号。（2003：94）

我们在此处看到了某种已被当前的作家们变成了一种怀古之思的老派的思维方式。芒福德在城市与文明之间划上了等号，这一度显得非常激进，但如今在美国已是陈旧过时的观察。在只有非此即彼的乡村生活或未成熟的郊区可选择时，芒福德的观点因其普遍性而一度成为城市的重要概念，但现在已不再通用。再者，他对大都会文化的礼赞建立在有限的早期历史的基础之上，即单一的古代文明历史之上。

但是，只要考虑一下郊区区域在当代社会中所具有的同等重要性，即可证明，所有基于这些角度的有关城市的独特性言论都是错误的（参见“郊区与郊区化”、“多中心大都会区域”条目）。此外，现在这种戏剧性社会互动中有许多都发生在互联网上、聊天室中、新的手机社会中，尽管虚拟的舞台决不会取代发生在街道以及“多中心”的、已经充分城市化区域的核心互动（Gottdiener and Hutchison，2000；Gottdiener，2001）。

令人惊讶的是，相反，在欧洲，芒福德将城市作为“文明之地”的论点最近因统一的欧洲共同体而重新流行起来。一项已持续了10年的名为“文化之都”（The City of Culture 或 Cultural Capitol）的年度竞赛彰显了欧洲城市在其国家遗产方面的中心地位。此外，当前有关复兴城市的观点越来越强调尤其是居住在密集城区地带的人的创造力。这种观点虽说是由理查德·佛罗里达（Richard Florida）于美国首先明确提出，却在欧洲变得非常流行。不过，城市开发是否主要依赖城市人口自身的创造力依旧是个有待证实的论点，尽管无人会否认艺术家、设计师、电脑革新者和其他有创造力的人（如在金融和贸易领域里工作的人）对于一个国家的经济而言是至关重要的。这些人通常都见于城市，尽管美国的成熟郊区，如硅谷或以西雅图为中心的周边区域，也是他们的用武之地。

今日城市生活的一些相关方面

与郊区和农村地区相比，除了行人文化和互动外，城市的另一独特方面是夜间活动的存在。当学术界开始研究当代亚文化并发现了形形色色在社会上被边缘化了的群体（它们通过在城市中营造个性化的参与空间，将夜间开拓为殖民地）时，便揭示出了这个世界的社会诸面相。正如芒福德、雅各布斯和怀特所云，创造了这种动态的不是街头生活本身，而是城市内部的亚文化实践活动的作用，特别是在夜晚，当较为传统的人回家睡觉之时（Chatterton and Hollands，2003）。（参见“夜生活与城市夜间景观”条目）

不过，城市的另一独特方面在于其建筑，尤其是被称为摩天大楼的高层结构。高楼不是某一特殊地方的贡献，而是被视为一种进化中的新设施，它源于由有限的、具有区位价值的土地所构成的独一无二的城市维度。现在，这些结构因其文化意义及其赋予城市的地方感而再次得到推崇。在当前的全球化阶段，标志性建筑和标志性城市景观的营造是地方营销的重要元素。在被结合进景观风景后，城市“天际线”成了地方的重要标记。正如巴黎，当那条天际线可被一眼认出时，它就会为地方在全球经济体系中的稳定提供重要的工具。

住房也体现了城市与郊区间的差异。在城市，住房通常都是高密度的。如果建造独栋的家用住宅，它们也往往建在很小的地块上。许多结构都是多住房的公寓，其中一些在规模上实际堪称摩天大楼。郊区拥有与城市形成反差的土地使用方式，有规模较大的地块，强调独栋的家用住宅的建造，这导致了社会密度的大幅降低。从历史上看，住宅新形式的发明正是在城市内部。例如，公寓在19世纪的出现，标志着城市向制造中心的转型，因为出现了工人阶级的租户。

时至今日，城市依旧对社会有着重要的贡献。可是，要真正理解城市，就必须论及它与城市化区域其他领域的关系，如通过电子手段在信息经济中被联系在一起的郊区和地方网络。结果，城市研究的对象不再局限于仅对城市本身的研究。本书的其他条目论及了那些过去与现在看似彼此间更为孤立的方面。现在，城市研究涉及许多的环境形式和区域配置。

参考文献

Chatterton, P. and R. Hollands, 2003. *Urban Nightscapes: Youth Subcultures, Pleasure Spaces and Corporate Power*. London:

Routledge.
Gottdiener, M. and R. Hutchison, 2000. *The New Urban Sociology, 2nd Edition*. NY: McGraw-Hill.
Gottdiener, M. 2001. *Life in the Air: Surviving the New Culture of Air Travel*. Lanham, MD: Rowman and Littlefield.
Mumford, L. 1961. *The City in History*. NY: Harcourt Brace.
Mumford, L. 2003. 'What is a City?' in R. LeGates and F. Stout (eds) *The City Reader, 3rd Edition*. London: Routledge. pp. 93~96.
Jacobs, A. and D. Appleyard, 2003. 'Toward an Urban Design Manifesto' in R. LeGates and F. Stout (eds) *The City Reader, 3rd Edition*. London: Routledge. pp. 437~447.
Jacobs, Jane, 1961. *The Death and Life of Great American Cities*, NY: Modern Library Edition.
Whyte, W. H. 1988. *City: Rediscovering the Center*. Garden City, NY: Doubleday.

社　　群

社群（community）指一个自视强有力的持续关联的群体，尤其是当该群体共居在一个地理区位之时。衡量社群的一种方法是个体对其活动的定期参与。另一种方法是成员与该群体可察觉的社会关联的认同度。第三种方法通常被理解为该群体活动范围的具体的物理空间和位置。该空间可提供自身的一批物质制造者，社群成员与这些物质制造者之间具有密切的情感联系。

通常在讨论社群时会使用“依附”（attachment）这一术语——作为社群一部分的个体对彼此以及物理位置的依附；对于一个社群的归属感。就此意义而言，“社群”这个概念指的是与一个群体和/或一个特定空间的深层的心理以及情感联系。

社群这一概念也被用于定义履行某种功能的有组织的社会单元。所谓的学校教师“社群”即是一个样板。当这一概念形式通过政府形式与某一特定区域联系在一起时，我们就有了作为城区、郊区或乡村生活的单元社群/社区。例如，城市的邻里区段通常被称为“社区”，而不管它们是否拥有密切的社会纽带和依附关系。在美国，社区开发公司（Community Development Corporation）是位于城市的一个特定区段的地方化群体，它被组织起来以促进经济和社会的发展。而在英国，“社区治安”（community policing）指的是警察与社区居民共同努力以应对犯罪的计划，社群的概念和理解都发生了变化。2003 年，英国政府出台了“可持续性社区规划”（Sustainable Communities Plan）。在城市政策方面，该规划强调：构建社会资本；最大程度地参与地方决策；

促进不同类型的服务设施供应；促进地方经济活动和社会事业的建构（Office of the Deputy Prime Minister，2002）。在法国，社群的历史基础是公社（commune），数量约有 36 万个。因为许多公社的规模都很小，它们便在管理上与集体场所（collectivités locales）绑在了一起。与此类似，由于 20 世纪 80 年代的去中心化计划，某些城镇和城市已被吸纳进城区（communités urbaines）之中（如里尔-鲁贝-图尔宽区[Lille-Roubaix-Tourcoing]）。

社群的概念在很大程度上源于欧洲社会学家斐迪南·滕尼斯（Ferdinand Tonnies）在 20 世纪 30 年代论著中的提法。他所说的社群是“礼俗社会”（gemeinschaft），它是个紧密结合的空间单位，在其中，传统、扩展家庭和宗教构成了社会生活。这一概念与“法理社会”（gesellschaft）的概念正相反，在法理社会中，非个人的次级关系遍布各处，受到正规行动守则的控制。路易斯·沃思使用这些理念来讨论城市生活典型的关系类型（参见“城市”条目）。如今，滕尼斯的传统社群概念被过度使用，可适用于现代社会，而“社群”这一术语本身被随便地加以使用，已没有一点特定的涵义。据一位观察者的考察，有至少 100 个不同的定义（Berger，1978：8）。

一些当今的城市学家明白，时常被说成是“社群”的、关系紧密的友情网络不再需要一个特定的空间位置。这个有时被称为“不相毗邻的社区”的概念，意味着该术语被随意地运用于城市特殊区段的方式可能在其社会的（如果不是政治的）含义中具有相当的误导性。作为延伸至邻里界线或亲属纽带关系之外的距离遥远、联络稀少的关系网络的社群概念也许与我们的社会更加相关，因为许多人只与自己的邻居保持着最松散的关联，却维系着强大的家庭和/或友情网络。对于这个得到扩展的社群定义而言，其本质在于其社会结构而非其空间结构。当代城市和郊区环境中的人们有可能不是一个实质上的邻里街区的完全成员，而是欣然接受在一个延伸至整个空间的多元的社会网络中有条件的成员身份。此外，他们与他人的关联不再像社群的较为传统和具有空间限制的概念那么密切（参见“邻里街区”、“新城市主义”条目）。

社群转变方式的最佳例证也许关系到互联网的出现以及它被用于将全球各地的人在一个固定的基础上联系起来的许许多多的方式。ICQ 或 ICT 软件和电子邮箱的特点使得家人和朋友得以通过互联网的虚拟空间保持持续的联络。在面对这些新的“无空间”的社会网络的表现形式时，还像许多学者那样依然从某种地方化的角度去谈论“社群”也许多少有些荒谬。对城市关系和互联网潮流的探索已催生了“网络城市”（cyber city）这一概念（参见“城市”条目）。我认为这个术语是易于令人误解的，因为它的“城市”一词的用法在此语境中毫无意义（参见“多中心大都会区域”条目）。

政治科学家罗伯特·D. 帕特南（Robert D. Putnam）认为，社群生活在美国已大幅缩减，与之相应的是令人不安的暗示：“虽然城市一度代表着人类共同体的更大、更高形式，但帕特南却认为，当代城市现在遵循的是一条市民参与度减少了而非增多了的路径，我们的‘社会资本’的集体股份——各种各样赋予真正社群以特征的有意义的人际接触——都遭到了危险的腐蚀，竟致到了消耗殆尽的边缘。”（LeGates and Stout，2003：105）帕特南将“独自玩保龄球”（bowing alone）这个概念用作美国社群参与度下降的隐喻。根据他的度量，个人对地方保龄球联盟以及其他地方化的团体组织的参与度自 20 世纪 60 年代以来已大幅降低。在帕特南看来，这暗示着邻里街区和社群自身的关联普遍减少。

在帕特南看来，邻里间的亲密关系构成了一种他定义为“社会资本”的强大的社会资源。一个社群拥有越多的社会资本，它保护并强化其在城市中生存之道的能力就越强大。因此，在帕特南的追随者们看来，美国城区范围的缩减可通过加强对地方组织的本地参与的方式来予以扭转。

帕特南认为，如今人们对政治和当地政治俱乐部的参与已大大减少，这种观点被人广为接受。但是，邻里的“社会资本”这一概念并不像他所认为的那样，仅仅依赖于当地居民的参与程度。在许多案例中，在一个指定的邻里街区中拥有几个有政治影响力的居民，其全部的必要性就在于，市政府可借助于他们对社群所关心的事宜作出回应。帕特南也许过高估计了公共团体的力量。

市民团体和其他社群团体是在衰落吗？也许在城市的许多区域确实如此，但这种衰落存在不均衡性。不过，政治的总体参与度已受到侵蚀。如果这就是帕特南所说的社群社会资本的涵义，那么他就是对的。可是，如果他必然地相信，现在的人较我们历史上的过去阶段更加孤立，那他就是错的。他们也许对政治漠不关心，甚至对帕特南如此热爱的保龄球联盟漠不关心，可他们依旧拥有活跃的社会网络，而且它们最常分布于空间之中。

跨过大西洋，帕特南已在社会政策的设计方面产生了重要的影响力，尤其是对英国当前的首相托尼·布莱尔[①]（Tony Blair）领导下的社会政策的影响。出于对都市公民秩序之衰落的反面乌托邦（dystopian）的观点，布莱尔像帕特南一样对一个想象的社群充满怀旧之思。与此类似，英国王位继承人将都市建筑中社群需要的缺乏视为社会资本的重大损失。在英国的语境中，这种意识形态与正被输入都市空间和文化的“绿色乐土”的幻象有着同样的思旧情怀，尽管证据表明了相反的状况。

手机和互联网电子邮箱是社会中的个体间的持续亲密关系的积极指标，正如毋需毗邻就可存在的经久不衰的社交网络那样（Graham，2004）。事实上，现在，使用电子邮箱和如今似乎无处不在的手机的交流，甚至还得到了讨论者之间的视频连接的辅助。总之，帕特南的社群组织的重要性也许被夸大了。地方化的群体在多大程度上保持了社会资本的活跃，或者，它们是否仅仅局限于消费活动和闲聊？最后，

---

① 1997～2007 担任英国首相。——译者注

大多数城市现在都面临着去工业化的沉重遗产和根本性的经济资源的外流。这是地方邻里街区的更大的社会资本也几乎不可能减轻的问题。

在诸如帕特南等对当代生活的批判中有种潜台词——一种暗示性的假设——我们要让城市和郊区运行起来，就需要毗邻和密度。但这是个源于路易斯·沃思的前提，在信息社会已相当落伍。进一步而言，还有另外一种帕特南未讨论过的更加重要的相反趋势。自从20世纪90年代以来，世界发达经济体中的许多都市区域已加入到“可持续城市”运动之中，该运动需要市民团体和活动的复苏，以便促进环境的健康发展。美国的波特兰和查塔努加等城市，像欧洲的一些城市一样，是环境质量和城市生活发生转折的典范。在这一运动中，问题不是帕特南概念中的邻里参与的社会基础的复苏，而是如何将全体当地居民组织为一支强大的力量，能够努力争取对开发的控制权，从而使其地方空间成为更宜居的地方。相比于“社会资本”的讨论时常需要的对于邻里间的闲谈和普通消费活动的强调，此类价值对社会来说则更加重要。“可持续城市化”条目从一个新的角度对社群复兴问题作了讨论。

参考文献

Berger, A. 1978. *The City: Urban Communities and their Problems*. Dubuque, Iowa: Wm. C. Brown and Co.

Graham, S. 2004. *The Cybercities Reader*. London: Routledge.

Office of the Deputy Prime Minister (2002) www. odpm. gov. uk accessed 10 May 2004.

Putnam, R. 2003. 'Bowling Alone: America's Declining Social Capital' in R. LeGates and F. Stout (eds) 2003. *The City Reader, 3rd Edition*. London: Routledge. pp. 105～113.

郡县、地区、大都会统计区（MSAs）及其他人口普查形式之定义

（注意：以下只包括定义本身。有关这些空间差异的更具分析性的视角，请参见“多中心大都会区域”条目。）

在美国

县（Counties）

县及其等同物是州的初级政治和管理区划。这些区域在路易斯安那被称为教区（parishes）。在阿拉斯加，27 个自治市（boroughs）和“人口普查区域”（census areas）出于人口普查的目的而被视为县的对等区划。几座城市——巴尔的摩、马里兰、圣路易斯、密苏里、卡森城，内华达和弗吉尼亚的 40 座城市——独立于任何县的组织之外，因为它们构成了自己州的初级区划，在人口普查图表中，与县具有同等待遇。哥伦比亚特区，即华盛顿特区，没有初级区划，整个地区都被视为一个县。

区（Places）

合并区（Incorporated Places）——根据 2000 年的美国人口普查，在法律上定义为有 2 500 人及以上居民的合并自治区（城市、城镇、村庄和自治市）。夏威夷没有为人口普查目的而得到承认的合并区，所以

其提供的数据是具有 2 500 人及以上居民的人口普查指定区（CDPs）。

选举区（Selected Town）和镇区（Township）——某些县级区划，如镇和镇区，出于人口普查的目的，未被划分为合并区。新英格兰六州、纽约、威斯康星、密歇根、明尼苏达、新泽西和宾夕法尼亚拥有镇区，按照 2000 年的人口普查，将它们计算为拥有一万人及以上人口者。

所有其他区域，包括居民少于 2 500 人的未合并区和合并区，都被人口普查集中称为“平衡县”（Balance of County）。

大都会区（Metropolitan Areas）和小城市区（Micropolitan Areas）

大都会统计区（Metropolitan Statistical Areas，MeSAs）——拥有至少一个人口在 5 万及以上的都市化区域，外加与以通勤网络为度量的核心地区有极高的社会和经济整合度的邻近地区。2000 年的人口普查中，有 362 个此类区域。

小城市统计区（Micropolitan Statistical Areas，MiSAs）——一系列新统计区域，至少拥有一个都市群，人口大于一万人但少于 5 万人，外加与以通勤网络为度量的核心地区有极高的社会和经济整合度的邻近地区。

大都会区（Metropolitan Divisions，MDs）——包括一个拥有 250 万人及以上人口的单一核心在内的大都会统计区可被再划分，形成被称为大都会区的较小的县的集群。

联合统计区（Combined Statistical Areas，CSAs）——如果达到了特定的标准，邻近的大都会统计区和小城市统计区可以各种组合方式形成被称为联合统计区的一系列新区域的组成部分。例如，一个 CSA 可以包含两个或更多的 MeSAs，一个 MeSA 和一个 MiSA，两个或多个 MiSAs，或多个此类区域。这些为了人口普查而结合在一起的区域在更大的 CSA 中依旧保留其自身的大都会统计区或小城市统计区。就业交换率达 25%以上的邻近区域的联合是自动性的。就业交换率高于

15%但低于25%的邻近区域的联合要基于通过议会代表所表达的地方意见。

地区（Regions）

人口普查地区是为了数据呈报而对美国予以细分的州的集群。有四个地区：东北部地区、中西部地区、南部地区和西部地区。

东北部地区：缅因、新罕布什尔、佛蒙特、马萨诸塞、罗得群岛、康涅狄格、纽约、新泽西、宾夕法尼亚。

中西部地区：俄亥俄、印第安纳、伊利诺斯、密歇根、威斯康星、明尼苏达、衣阿华、密苏里、北达科他、南达科他、内布拉斯加、堪萨斯。

南部地区：特拉华、马里兰、哥伦比亚特区、弗吉尼亚、西弗吉尼亚、北卡罗来纳、佐治亚、佛罗里达、肯塔基、田纳西、亚拉巴马、密西西比、阿肯色、路易斯安那、俄克拉何马、得克萨斯。

西部地区：加利福尼亚、俄勒冈、华盛顿、蒙大拿、爱达荷、科罗拉多、新墨西哥、亚利桑那、犹他、内华达、怀俄明、阿拉斯加、夏威夷。

在英国

在英国，城市和城镇是独立的法律实体。郡议会（county councils）是覆盖农村和郊区部分的行政区域。它们始建于19世纪，是用以抵御城镇和城市力量之兴起的堡垒，是对地区功能管理发展的先发制人之举，由政治哲学家杰里米·边沁（Jeremy Bentham）提出。

地区定义随着时间的发展已发生了改变。早期的标准地区包括：

> 东南区、西南区、东英吉利区、东中部区、西中部区、西北区、约克郡及亨伯赛德郡、北部区、威尔士和苏格兰。

目前的地区为：

伦敦、东南区、东部区、西南区、东中部区、西中部区、西北区、约克郡及亨伯赛德郡、东北区。

然而，在某些情况下，边界又有不同。例如，东部区包括由东英吉利区构成的旧标准地区，但又是旧东南标准地区的组成部分。

在法国

有 22 个地区，它们在立法权去中心化促使下的选举议会于 1984 年创立之前是纯粹的行政区，也具有某些有限的增税权和某些管理功能。

这些地区大体为：

巴黎大区、皮卡尔迪、上诺曼底、中部地区、下诺曼底、洛林、阿尔萨斯、弗朗什—贡岱、卢瓦尔地区、布列塔尼、布瓦图—夏朗德、阿基坦、南比利牛斯、利姆赞、罗讷—阿尔贝斯、奥维尔涅、朗克多克—鲁西翁、普洛旺斯—阿尔卑斯—蓝色海岸、科西嘉。①

在德国

有 16 个地区外加东柏林。前者被称为州（Länder），在联邦宪法

① 原书中仅列了 19 个区，另外 3 个区是：布尔高涅、香槟—阿登、北加莱海峡。——译者注

内拥有相当大的管理权力。前西德有 11 个州：石勒苏益格—荷尔斯泰因、汉堡、不来梅、下萨克森、北莱茵—威斯特法伦、黑森、莱茵兰—普法尔茨、萨尔、巴登—符腾堡、巴伐利亚、西柏林。重新统一后，又添加了前德意志民主共和国的几个州：图林根、萨克森、萨克森—安哈尔特、勃兰登堡、梅克伦堡—前波美拉尼亚。

目前，在英国，对于地区身份的本质以及它是否强大到足以为建立地区议会和创建地区政府提供指令，存在一些争论。相反，地方政府在法国和德国更为正式，权力更大，它在法国前外交大臣和欧盟前主席雅克·德洛尔（Jacques Delors）于 1996 年提出的“区域欧洲”（Europe of the Regions）这一概念中得到了最强有力的表达。

参考文献

US Bureau of the Census，*Guide to the 2002 Economic Census*，www. census. gov，accessed 25 June 2003.

INSEE. 2003. *Tableux de l'Economie Française*. Paris：INSEE.

Anderson，J. J. 1992 *The Territorial Imperative：Pluralism，Corporatism and Economic Crisis*. Cambridge：Cambridge University Press.

去疆域化和再疆域化

近年来，城市学家一直在关注因战争、饥荒、政治压迫、宗教偏执和持久的贫困而造成的特定人群的大规模移民。这些现象被称为“去疆域化”（de-territorialization），这些人自身常被称为“难民”（refugees）。如果这种大规模人口迁移伴随着以源头地区的文化实践活动为中心的日常生活的持续组织，城市学家便将这一现象称为“再疆域化”（re-territorialization）。由于现代政治动乱、全球经济变化和战争对当地民众所造成的深刻影响（Appadurai，1996），这两个孪生方面对于理解第二次世界大战以来世界各地城市地区的民族构成中的变化是重要的话题。

去疆域化和再疆域化的过程可通过对欧洲犹太人的大屠杀影响来予以说明。作为犹太人在德国纳粹政权袭击下的欧洲国家内部的大规模屠杀和大规模离乡背井的结果，被称为犹太复国主义（Zionism）的、对于在古代圣地拥有专门的犹太人家园的由来已久的渴望获得了世界范围的信任和力量，导致了一个犹太国家——以色列——在1948年建立。欧洲和中东两地的国家里在根本上具有多样性民族群体（他们全都是犹太人）的去疆域化，导致了在以色列国内相继的再疆域化或内聚，一旦此过程被体制化，就会出现一种因之而起的、全新性质的、新兴的文化。

不幸的是，许多去疆域化的种族和宗教群体只在再疆域化过程中体验到有限的成功，如果这种成功存在的话。一些民族在离开自己的家园后，分散到了世界各地，他们在很大程度上保持了去疆域化，因为，曾经拥有自己国家的他们如今发现自己居住在别的地方，没有自己的国土。这使他们的事例更具政治极端性，即使它们不像如巴勒斯坦人、比夫拉人或库尔德人等其他在现代被去疆域化但从未拥有过自己国家的难民群体那样严酷。不过，后面的这些群体，以及许多其他在别人的土地上拥有众多人口、但保持了某种程度上的民族身份的群体，是在大规模基础之上以及以 20 世纪的剧变为特征的世界规模的民族迁移的典型例证。

在其他案例中，人数众多的难民可能会改变城市。卡斯特罗领导的古巴革命之后的迈阿密和佛罗里达即是如此。一个曾被称为“小哈瓦那”的地域变得太小，难以容纳所有从自己祖国逃离的古巴人。在此过程中，迈阿密城，这个曾经是南方白人和黑人与来自北方的颇具影响力的犹太人相杂糅的奇特混合之地变得拉美化了（Portes and Stepick，1993）。

在英国，来自前共同体国家（老牌殖民帝国的继任者）的移民已改变了英国城市。从 17 世纪起，殖民核心区与前附属区域间的金融和人口的兴衰就已成为全球化的一个特征。现在，伦敦有超过 300 种不同的语言。一些种族社群随着经济的繁荣，已从城市中心区域迁往郊区，正如它们在美国所做的那样。在其他案例中，许多种族群体（如巴尔干或阿富汗的种族群体）的去疆域化已导致了欧洲城市许多地区的再疆域化。例如，巴黎的文化已因来自前北非殖民地的移民流而永远地改变了。

对来自亚洲、非洲、中东以及拉丁美洲的人而言，去疆域化和再疆域化的问题也与当代移民以及全球化、殖民主义与后殖民主义的过程有关。更多信息参见“全球化”和“移民与境内移民”条目。

参考文献

Appadurai，A. 1996. *Modernity at Large：Cultural Dimensions of Globalization*. Minneapolis，MN：University of Minnesota Press.

Portes，A. and A. Stepick，1993. *City on the Edge：The Transformation of Miami*. Berkeley，CA：University of California Press.

教育与劳动力再生产

公共教育的危机在许多国家都与城市危机相关。例如，在当前的信息驱动和全球经济的条件下，美国城市再生产合格的劳动力大军的能力十分有限，而其老城区生活质量也在下降。在过去数十年中，学生的整体成绩下滑，在世界竞赛中，美国小学生在科学和数学方面表现很差。但在整个大都会区域，当地学校的质量反映了人们居住地的功能。在大多数地区，较好的学校都位于较富裕的区域和郊区。即使那些虽然学生非常贫穷，但在历史上一直以相对较高的水平运作的老城区学校系统也不得不与停滞不前的财政危机和衰退作斗争，这些危机与衰退已联合起来降低了教育质量（参见“财政危机”条目）。如今，进入城市公立学校学习的小学生绝大多数都是贫穷的少数民族群体成员，其能够达到的教育程度很低。

在大多数英国城市，中学质量、学生成绩与住房价格之间如今存在正相关关系。房产代理商（房地产经纪人）根据所处学区来推荐房屋。在英国同在美国一样，住房是财富及可能的未来收入的重要源泉。住房与教育可获性的相互作用强化了城市中的不平等。在许多老城区区域中，年轻人的失业率约为40%，尤其是在少数民族群体中。这些数字证实了英国城市和近郊作为一种流动性手段的教育的相对失败。这些特殊的问题构成了一种普遍的文化教养问题，根据经济合作与发展组织的说法，英国11～14岁青少年的数学能力与哈萨克斯坦的青少年处于同一级别之上（OECD，2003）。

类似的失败也是美国教育进程的标志。在全国各地的大城市学区中，进入高中的学生中能够最后毕业的不到一半。在低收入学区，大多数教师都在教授他们未受过训练或未获得过资格证书的科目。尽管所有公立高中的教师都应当获得过教育方面的资格证书，但学区会利用法律漏洞来临时雇佣无资质的教学人员。在一些学校，近 1/4 甚至更多的教师没有资格证书。例如，当得克萨斯公立学校的教师参加为大学毕业生设计的强制性常识测试时，超过 1/3 的人分数不达标。在佛罗里达，获得了教育学学位的大学毕业生被要求参加类似的测试，有超过一半的人不及格。如此一来，教育危机会持续至所有的教育层面，不仅是在公立中学，而且也会出现在学生始终未作好准备的高等专科学校。

诸如贫困和老城区的经济衰退等城市问题加重了学校问题。在大都会区域，学校的种族隔离状况也日益严重，因为许多白人父母将孩子送入私立学校或教区学校。另一个非常令人揪心的问题是，公立学校体系中的许多儿童要么是移民，要么其父母刚移民至这个国家，其英语熟练程度只相当于第二语言的水平。在一些城区，移民儿童的人数达到了全体学生的一半，教师不得不竭尽全力地照顾说着三四十种不同语言的小学生。联邦政府要求，每当其母语不是英语的学生人数达到一定比例时，学区就要设立将英语当作第二语言（ESL）的项目。但是，典型的情况是，联邦政府也不会资助这些项目。在持续的财政危机的背景之下，地方上实际根本没钱来资助这些项目，于是，语言不通的问题持续存在。这在欧洲城市也如出一辙。获得公平教育的途径缺乏（政府错误地将之与社会政策相分离）加重了经济的隔离。

在过去，美国社会普遍未能在全国层面上资助教育，以便使公立学校教育质量在任何指定的社区中都可达到富裕社区的直接效果。正是出于这一原因，郊区学区的学生比城市里的学生的表现要好得多。这使得郊区对于希望自己的孩子受到最良好的学校教育的父母更具吸引力。当他们出于这个理由搬出城市时，这进一步加重了城区学区的普遍衰退，从而强化了一种恶性循环。因为富裕地带与教育质量间的这种密切关联，使得儿童在接受未来职业培训的途径上极为不平等。如今，劳动力的再生产很大程度上要仰赖我们社会中相对富裕的人群。那些能够负担得起居住在富裕地区或能够负担得起私立学校教育的人，会将自己的孩子送到可使他们为更好的工作作好准备的学校。在欧洲大部分地区，充满不公的美国化的经济生活的复制在某种程度上受到了全球化的影响，只有北欧之类的国家是个例外，这些国家仍然相信，为教育提供公共资源是文明社会的基础。在这些区域，学生始终在标准化测试中名列前茅，而芬兰目前是世界上教育质量最好的国家。

参考文献

OECD，2003. www. oecd. org accessed 12 May 2004.

环境忧虑

水、空气和噪音污染与工业有毒废料一道构成了环境忧虑。因贫困或不存在的规划而造成的源于住宅的下水道和垃圾污染、开放空间的缺乏和交通危险也给环境造成了困扰。还有一些只与地球上的特定区域相关的问题，但它们却非常重要。这些问题包括在人口密集的城市区域迅速传播疾病的能力，如SARS在香港的爆发，或流感病毒的威胁。由于人类侵入动物居住地而造成的在城区出现的动物攻击，如佛罗里达的短鼻鳄鱼、加利福尼亚的美洲豹以及更近期的印度豹、澳大利亚的大袋鼠以及伦敦近郊的狐狸等，也构成了环境忧虑。在某些地方，飓风、龙卷风、地震和洪水是对已开发的人类居住区构成了危险的自然事件。

当国家正处于发展之中，有大量人口流入大城市中心区域时，所有这一切问题就会变得更糟。例如，到2020年，上海的官方统计人口预计会翻一番，这暗示着，巨型城市的吸引力可能会遭到其未能有效地使环境具有可持续性的破坏。缺乏足够的基础设施和社会组织以应对城市的发展意味着环境问题可能只会越来越严重。伊斯坦布尔的例子即是典型。虽然土耳其人口在1970年至1996年间翻了一倍，可在同一时期，伊斯坦布尔的人口却增加了超过四倍（Fareri，1996）。不过，快速增长本身并非只是发展中国家的现象。许多美国城市化区域自20世纪50年代以来的建设就是向郊区和阳光地带转移的结果。这种去中心化也非常快速。结果，由于快速且通常缺乏规划的增长所造成的环境问题在发达国家和发展中国家都层出不穷。

在如美国的坦帕和旧金山这样的地方，紧随住宅的郊区化和在其各自区域中人口的去中心化，其独一无二的海洋性结构从生物学的角度看几乎破坏殆尽，尤其是珍贵的植物和动物生命的消失了。原始森林的清除性采伐，湖泊和河流的污染，石油、下水道或工业垃圾造成的肮脏海滩，令人窒息的烟雾的排放只是一部分环境问题，它们曾经只在东北区和中西部区的较古老区域中颇为典型，现在却是美国各地的常见问题。

在迅速增长和去中心化的大都会区域，交通拥堵状况是如此突出，以致迅速接近了陷入交通瘫痪的局面。对于居住在加利福尼亚或亚特兰大通勤地带的人而言，花四个小时开车上下班是稀松平常之事。虽然交通拥堵是全球各地所有城市化区域的典型环境忧虑，但像美国这样的国家仍可通过更好的规划和资源管理来避免此类问题。

城市化区域的环境问题与密集的开发高度相关，且通常是密集开发的结果。例如，发展迅速但没有提供充足的下水道和街道排水沟的区域在暴风雨来临之时会被雨水淹没，造成洪水泛滥。这种大规模的涨水还会污染大都会区域的河流、池塘和湖泊，甚至会威胁到饮用水的质量。

虽然有毒的污染与工业发展相关，但缺乏对大规模住宅建设的规划也是相当严重的环境危害的原因。水、固态废料和垃圾污染是大型住宅开发区的问题，就如同空气污染是由汽车的超量使用所造成的道理一样。按照环境保护机构的说法，空气污染被定义为臭氧、一氧化碳、二氧化硫、一氧化氮和碳氢化合物的任何组合。尽管这些构成成分中的哪一种会是主要成分因地区而异，但所有城市区域都饱受此类污染之苦。其所带来的个人治疗成本据估达数十亿美元。另一个空气质量问题涉及“悬浮颗粒问题”，即小到足以悬浮在空气中并被吸入肺部的灰尘或液体颗粒。这种污染形式也会对个人健康带来危害。

环境种族主义

环境种族主义（environmental racism）这一概念将大都市的种族或阶层隔离问题与环境危害和污染忧虑结合在了一起。它是一种将会对环境产生负面影响的危险的废料或工程放置在穷人和少数民族集中区域的活动。位于纽约尼亚加拉瀑布区的腊夫运河（Love Canal）是个贫穷的工人阶级社区，它变成了危险废料的倾倒场。随着时间的推移，其住宅建在此地上方的人遭受了异常高的癌症发病率和出生缺陷。直到一项住宅运动对此危害进行了调查并提出控诉后，这种情况才得以缓解，而此地最终因其有文件证明的危险而遭到弃掷（Gibbs，1981）。美国的其他研究显示了危险废料场何以会位于其居民大部分是贫穷黑人的南部城镇的邻近地区。这种在弱势人群居住区域倾倒垃圾的做法十分普遍，对美国阳光地带的少数民族群体造成了致命危险（Gottdiener and Hutchison，2000：311）。

在发展中国家，“整体上看，有钱人使自己与最恶劣的环境问题隔绝开来。他们可以获得干净的水，将脏水排入化粪池中；另一方面，穷人即使在有充足的水可用时，也必须与在受污染的水中洗浴甚至饮用受污染的水的危险同生共存。虽然有钱人可以找到令人满意的丢弃固体垃圾的方式，但穷人的固体垃圾则极少会从其居住区域被清理出去，而是在任何有空间的地方随意堆放：在空地，在运河和河流中。当局为有钱人修路种树，而穷人只能自己修造平板路或土路前往自建的住房”（Atkinson，1996：6）。

环境问题存在于全球各地的发展中城市。城市里的棚户区受到称赞，因为它为居民提供了他们在农村地区无法获得的提升自己的机会，但这些地方仍旧有着未封盖的阴沟，它们会带来严重疾病，尤其是在那些在街头玩耍的儿童中。参见“少数民族聚居区与种族隔离”条目。

要了解更多有关环境忧虑的信息，亦可参见“可持续城市化”条目。

参考文献

Atkinson，A. 1996. ‘Sustainable Cities：Dilemmas and Option.’ *City*，*3～4*：5～11 June.

Fareri，P. 1996. ‘Turkey：Uncertain Emblem of the Future’ *City*，*3～4*：59～62 June.

Gibbs，L. 1981. *Love Canal*：*My Story*. Albany，NY：SUNY Press.

Gottdiener，M. and R. Hutchison，2000. *The New Urban Sociology*，*2nd Edition*. NY：McGraw-Hill.

女性空间

统治社会的是男权的社会关系。作为文化特性的男性气概与女性气质以上下级关系的形式彼此相关。男人在我们的社会中拥有被证明是可决定局势和控制社会收入能力的权力。男人在我们的经济和社会结构的重要组织中居于领导和控制地位。这种由性别化了的支配地位构成的等级结构体系也体现在男性空间中，参见“男性空间”条目。与之相反，妇女低下的社会地位也导致了女性拥有权力的环境。这些都是“女性空间”（feminine space）的范例（Spain，1992）。

思考一下劳拉·扎多尔（Lara Zador，2001：1）所作的以下观察：

> 我的妇女概念与空间相连，我害怕占据太多的空间，仿佛空间是男性的，我越是具有女性气质，我所消耗的空间就越小……我的患有厌食症的朋友给我送来一张纸条，为她使用的字母的大小表示抱歉，为自己的言辞占据了太多的空间而觉得不好意思。女人只有在说“不”的时候才会大叫，这意味着，当一个非常私人化的空间——女人唯一称之为属于自己的空间——即将被侵犯之时，她们才会说不。

正如对男性空间的探索一样，对女性空间的探索也包括表征性或虚拟性空间。谈论文学、电影、广告中的“女性空间”是有可能的。埃伦·麦克拉肯（Ellen McCracken，1999）讨论了天主教会中的宗教空间如何得到拉丁美洲作家的重新阐释，并在萨泰里阿教（Santeria）

的融合活动中得到征用。这是妇女对男性空间统治作出反应的常见事例。环境本身并未改变，只不过女性话语的不同的、颠覆性的阅读改变了它们的象征性和意义。此类写作的重要意义在于，它知晓空间转变以及至关重要的女权主义实践中的象征性重读的重要性。

人们已经听到了妇女的声音，但在建筑和城市规划中，这种声音却很少被承认，并极少被知晓。德洛丽丝·海登（Dolores Hayden，1981）的开创性著作详细说明了妇女对住宅、城市和郊区设计的贡献。在 20 世纪 20 年代，在一度积极投身于工业劳动力大军中之后，女性的角色被定义为待在家里的家庭主妇。这种向中产阶级的转变使得家里的厨房和独栋的郊区住房都变成了妇女占据优势的新环境。当今的郊区文化，尤其是汽车的风格，反映了许多在相对缺乏公共交通的环境中必须开车送孩子参加日常郊区活动的中产阶级妇女的母亲角色的存续。我们仍有可能说，大型超级市场、购物中心以及中产阶级独栋家用住宅是“女性空间”的典型。

按照梅萃克丝·克莱克提夫（Matrix Collective，1984）的看法，妇女对独栋家用住宅装修的控制使得她们得以表达自己，并通过其环境选择来影响他人。这种环境与仍旧由男人控制的外部空间形成了对照。正如贝纳尔德和施拉费尔（Benard and Schlaffer，1993：338）对于街道的评论：

> 你是穿一件开衩的短裙还是从头到脚都被穆斯林妇女的黑色方披巾盖得严严实实，其传达的信息不是说你有足够的魅力使男人失去自制力，而是意味着，只要你遵守他的规定，只要你牢记自己的位置，那就存在同属于他和你的公共领域。

这些空间划分在将年轻人持续社会化为再造社会性别基础的独立性别角色的过程中发挥了重要作用。一项对性别敏感的空间分析揭示了社会的其他不利作用。

> 社区规划一成不变地将开放空间的大部分都分派给了传统上由男性支配的活动，如体育运动。为母亲角色提供的地方极少在考虑之列，并且通常仅限于操场。为儿童和母亲营造安全的环境需要一些规划。马里兰州的哥伦比亚，是得到全面规划的美国新城之一，行人和汽车交通被空间所分隔。哥伦比亚的这一特征更易于母亲保护玩耍中的孩子。（Gottdiener and Hutchison，2000：167）

其他国家，例如位于斯堪的纳维亚半岛的国家，为带孩子的母亲明确规定了公共空间和公共交通。对她们而言，她们的城市要比我们的更安全。

参考文献

Benard，D. and E. Schlaffer，1993. ‘The Man in the Street：Why He Harasses’ in L. Richardson and V. Taylor (eds) *Feminist Frontiers Ⅲ*，NY：McGraw-Hill. pp. 338～391.

Gottdiener，M. and R. Hutchison，2000. *The New Urban Sociology，2nd Edition*，NY：McGraw-Hill. p. 167.

Hayden，D. 1981. *The Grand Domestic Revolution*，Cambridge，MA：MIT Press.

Matrix Collective，1984. *Making Space*，London，UK：Pluto Press.

McCracken，Ellen，1999. *New Latina Narrative：The Feminine Space of Postmodern Ethnicity*，Tuscon，AZ：Univeristy of Arizona Press.

Spain，D. 1992. *Gendered Spaces*. Chapel Hill，NC：University of North Carolina Press.

Zador，Lara，2001. www. soapboxgirls. com，April.

财政危机

长达数十年的人口去中心化和经济衰退已通过削弱其资源基础的方式极大地消耗了美国城市。许多地方不再有足够的剩余税收来支付基础服务的费用。有时，管理部门要依靠州和联邦政府来弥补预算短缺的差额。当这一缺口变得过大时，市政府便会经历被称为“财政危机”（fiscal crisis）的状况（O'Connor，1973；Gottdiener and Hutchison，2000）。在英国，地方市政当局历届政府财政权力的骤减，以及市政服务设施的私营化和向私人承包商的外包，都是这同一轨迹的结果。比如法国和德国，这种去中心化程度更高的体系也不能幸免，因为中心—边缘关系在这些国家也已经处于预算压力之下。

这些国家的财政危机已影响到政府的各个层面，并非只在中心城市。然而，在联邦层面，我们的国家政府有能力想发行多少债券就发行多少债券，而不用去回应更高权威的质疑。城市和郊区不能那么做。在英国，地方当局（自治市）直到 20 世纪 80 年代尚可在遵守中央政府约束的情况下发放债券。德国的州仍能够发放债券，但还是得服从中央政府的限制以及加于欧盟成员国之上的全球预算赤字的限额。当地方区域遭受财政危机时，政府的其他层面将会牵涉进来。

作为市政性公司团体，城市甚至可以破产。在 20 世纪 70 年代，几座美国城市遭遇了严重的财政危机，而克利夫兰确实于 1978 年宣告破产。在 19 世纪，当国家经济经历经济萧条的周期性危机时，这一事件更为常见。从形式上看，英国地方当局不可能破产。如果它们所作的预算不能为中央政府的下个财政年度所接受，并试图运行赤字，那么被选举出的地方议会议员就可以被增收附加费（担负个人的财政责任），并不得办公。近年来，新劳工党政府已经发现了“新地方主义”（the New Localism）。这从根本上来说是种技术专家统治论的政策，借此，响应“最佳值”计划（Best Value，审计署项目，即在地方当局中安置国家注册审核员）的地方当局可以得到回报，能够保留地方公共资产拍卖中的部分资金收入。地方商业税收受中央政府控制，只有伦敦城（商业区）这个世界上最富裕的自治市是个例外。在欧洲的其他区域，与见于美国和德国的例子中的联邦政府体系不同，国家财政危机的影响会通过中央国家的代理机构来进行调节。不过，它对地方居民仍有影响。

即使如在 1975 年纽约城危机中所发生的那样，破产的极端状况得以避免，可严重短缺的威胁意味着，市政当局必须大幅削减其服务设施。这些总是不得人心的手段会对当地的生活品质产生直接影响。例如，在 20 世纪 70 年代期间，纽约城的消防队被撤除，教师卷铺盖走人，垃圾收集次数减少，许多市政活动干脆被取消了事。

在美国，经济受私营企业的控制，但社区生活品质极其倚重地方政府（参见“教育与劳动力再生产”条目）。与其他工业国家相比，美国的税收程度较低。由于利润的制造仅仅受到最小限度的调节，所以城市和郊区普遍依赖此类财产税和营业税之类的税收产生机制。后者的影响大部分都会落在穷人身上。在经济衰退期间，税收的产生会受到严重影响。不过，这个国家的人们似乎更喜欢现行的体系，而不愿意通过增加私营公司的税率来为公共服务买单。自 20 世纪 50 年代以后，数十年来，每当城市和郊区资金不足时，地方行政部门就会依靠州和联邦项目来弥补差额。但是，在 20 世纪 70 年代，当那些项目被国家政府削减时，一场突如其来的严重财政危机便应运而生。

使财政危机管理复杂化的一个重要因素是出现于这一紧缩和政府重组期间的多种各不相同的利益。代表城市和城镇工人的城市和郊区工会反对被视为抗击短缺必要手段的就业缩减。在克利夫兰，尽管遭到工人的强力反对，市政联合会最终还是被迫接受了大幅裁员甚至减薪。地方选举官员也因此次危机而如坐针毡。如果州政府像大多数时候所做的那样对城市施以援手，则他们对如何援助和开销并无多少发言权，直到一次财政危机的爆发。在这一点上，州政策通常合理地要求一个向下传递的权威机构来帮忙将市财政拉回到与支出相应的轨道上来。这些州政府的外部控制通常会扩大那种似乎每当财政危机出现时都永不得市民欢心的政策。不过，它们在地方官员那里更不得人心，他们将之视为自身政治失利的可见信号。

另一个在财政危机期间变得活跃的利益团体是私营部门本身。不过，如果公共服务的下降会影响到城市生活品质，那些有能力搬迁至更健康区域的公司通常会这么做。例如，在 20 世纪 70 年代，纽约城不仅失去了大量公司总部，而且还失去了大量受过训练的专业人士，他们全都认为，当时是最终的搬迁时刻。相反，银行和金融利益集团通常会留下来。这也是因为银行对市中心房地产的涉入过深，而且它们还是因危机局面而动用比平常更高利率的新市政金融管理的最初受益者。银行在财政危机期间表现良好，因为大多数市政府都愿意以更高的利率来重组债务，而不愿走向破产。

财政危机是城市经济普遍衰退的征兆。这种模式自 20 世纪 50 年代以来就显而易见，是大都会去中心化以及人和企业双双向郊区和阳光地带转移的结果。反过来，因为那些区域迅速发展，它们也会遭遇财政危机，无力为充足的基础设施和公共服务提供资金。人口的大规模迁移始于 20 世纪 50 年代。在州和联邦项目的扶持下，各市政府用了 20 多年的时间才克服了税收的短缺，让人们明显地感觉到它们的存在。可是，当 20 世纪 70 年代的财政危机爆发时，人们清楚地意识到，城市和郊区都无力提供大多数美国人所渴望的那种服务和生活质量。20 世纪 70 年代以后，衰减和萧条四处蔓延，人们不得不容忍每况愈下的社区品质，尽管较富裕的社区总会受到其财富的保护。只要我们拥有一个资金控制和政府税收在其中受到限制的经济体系，大城市区域内部的所有地方都将生活在财政极度紧张的幽灵之下。正是由于这个原因，甚至到了21世纪，财政危机仍然是对城市生活品质的一种威胁。

在欧洲，情况更为错综复杂。然而，在从20世纪50年代直至70年代这段期间内，郊区的发展与城区的税收基础之间的关系已给城市生活品质制造了相似的问题。看似矛盾的是，在21世纪的开始阶段，当在婴儿潮中出生的人和年轻的专业人士定居于内城的中心地带，而中产阶级家庭则搬出城市，搬往乡村的边缘地带时，伦敦的郊区自治市却正在经历衰退。这一转变的原因之一是边远地区与伦敦市中心间的往来交通开销巨大，这种状况在美国并不典型，因为美国在过去曾大力补贴高速公路的建设和私人交通工具。

参考文献

Audit Commission (1995), *Local Authority Performance Indicators, 1993/1994*. London: HMSO.

Gottdiener, M. and R. Hutchison, 2000. *The New Urban Sociology, 2nd Edition*. NY: McGraw-Hill.

O'Connor, J. 1973. *The Fiscal Crisis of the State*. NY: St. Martin's Press.

Smith, P. (ed) 1996 *Measuring Outcomes in the Public Sector*. London: Taylor & Francis.

中产阶级化

中产阶级化（gentrification）过程涉及投资资本流向大都会区域的一个业已存在、但其价值有所降低的地方。中产阶级化是一种城区的复兴，与地方的衰落有关。两者都是对城区房地产的投资循环。该过程始于资产拥有者不再投资受到贬抑的城市区域的决定。正如一位观察者的评论：

> 住房市场通常会根据收入而将人口划分至不同的区域。种族主义也许会增加另一种划分方式。如果一个区域越来越多地充塞着低收入居民，就会诱发房东产生不再保留其资产的想法。如果他们想提高投资质量，就需要收取更高的租金，以使这一投资有利可图。能够支付较高租金的收入较高的人也许不愿意居住在那样的邻里街区。于是，房东就会简单地从其出租的破损中的建筑物中“榨取”收益。通过推迟维修，他们可以存下钱来，到别处去买其他的房子。（Wetzel，2002：1）

不能持续地提高房屋质量，用新的现金流来更换破旧的地方，这就意味着一个区域的撤回投资——资本的减缩——的过程。当一个空间越来越成为低租金街区时，一些房屋可能就会被分隔成独立的房间或公寓以增加租金收入。这导致了该住宅和社区环境的进一步衰败。如果一个衰落中的区域毗邻就业中心，便宜住宅的可获性以及新的方面，如有趣的建筑物和附近的小餐馆，会刺激资金向那一区域的再次流入，并投资于房地产，于是投资循环会再次从头开始。为了使对新建筑和修复的投资有利可图，开发商们必须能够吸引像专业人士（中产阶级）这样的能够支付较高租金的房客。一旦这一过程开始进行，较不富裕的房客就会被赶出那一区域，我们便有了一个中产阶级化的圆满例证。

美国和欧洲许多地区的中产阶级化通常以某一特定区域中的公寓变为住宅单元（工作室）和精选房屋的修复为特征。随着更高端租客的搬入，迎合高收入人群的烛光摇曳的餐馆和精品店取代了便利且可讨价还价的购物折扣商店。当房东意识到他们可以吸引专业人士和商人来租房时，房租就会上涨。于是，原有的收入有限的租客就不得不搬走。例如，在伦敦，多数自用住宅都表明，专业人士阶层对维多利亚式三层大屋情有独钟，或者，开发商会将其转变为公寓和工作室。自用住宅与伦敦普遍的大都市性质的结合使那里的中产阶级化比其在美国的对应现象更加复杂（Hebbert，1998）。然而，从低收入的私人出租屋到较高收入的自用住宅，住宅保有时间的极大变化已成为近 30 多年来中产阶级化的一个持续特征。

在其他欧洲城市，由于对如奥运会、英联邦运动会、“欧洲文化之都”等国际体育赛事和文化事件的竞争，城市营销和文化中心的所在地已导致了老城区在过去 10 年中中产阶级化的兴起。这一变化的核心能动性一直是向城区专业人士推销临水开发区以及与之相联系的生活方式所带来的房地产利益。无论是位于河边、湖边还是海边，临水开发区似乎都是全球各地许多城市的当代中产阶级化的一个持续不衰的特征。

当一个区域被“中产阶级化”了之后，其邻里街区的所有服务都会水涨船高。迈克尔·格韦茨曼（Michael Gwertzman）在述及发生在曼哈顿西侧的“地狱厨房”中的变化时，将注意力集中在那些对以前的房客而言如此昂贵并迫使他们搬出去的小东西上。“他记得在一家餐馆吃饭的情形……那里供应 3 美元一盘的古巴菜和中国菜。后来，在同一块地上出现了6家餐馆，同样的食物，一家新的‘拉丁人’餐馆要收10美元一盘（1997：2）。”

通常伴随中产阶级化的流离失所的过程也许会导致政治斗争，因为原有居民会抵制新资本的入侵。于是，撤回投资和再行投资的过程便会导致折磨着城市住宅的衰退和中产阶级化的循环往复。社区的担忧和抵制与这些变化相伴而生，包括政治抗议和偶然间社会运动的出现（参见“城市与郊区的社会运动”条目）。

参考文献

Gwertzman，M. 1997. *Keeping the ‘Kitchen’ in Clinton*. www. hellskitchen. net，accessed 25 June 2003.

Hebbert，M. 1998. *London*. Chichester：John Wiley.

Wetzel，T. 2002. ‘What is Gentrification?’ www. uncanny. net/～wetzel/gentry. htm，accessed 25 June 2003.

少数民族聚居区与种族隔离

少数民族聚居区（ghetto）是为大部分属一个社会群体的成员相对而言非自愿地所独占的城市或郊区区域。如今这个词语暗示着由贫穷、失业和不合标准的住房所构成的区域。

在 1970 年，美国 10 个最大的巨型城市中有 9 个以白人为大多数，范围从 55%（底特律）至 82%（波士顿）不等。20 年后，只有费城（51%）和波士顿（58%）主要以白人为主。其他城市中心区域的人口都混杂而居，白人只是一个特点鲜明的单一的少数群体。白人都到哪里去了？到郊区去了。自 1950 年以来，他们一直在蜂拥地离开城市。以第二次世界大战期间就业机会的开放为起点，大量非洲裔美国人离开南方，向东北区和中北区各州迁移。在这个白人向郊区转移、黑人向城市中心转移的人口迁移期间的记录在案的数字，再加上在住房方面公然的种族歧视，导致了从那时起已普遍存在的隔离模式。衰退中的经济前景与新工作对劳动力需求的转变使这些城市中新兴的少数民族聚居区域陷入了悲惨境地。到 1970 年，大多数美国人居住在郊区而非城市。种族歧视和贫穷使黑人无法大批地迅速郊区化，这就使得有非洲裔美国人居住的内城区域越来越成为黑人集中地。少数民族聚居区变得更为极端。

根据卡尔特、格莱泽和维格多尔（Culter，Glaeser and Vigdor，1997）的说法，美国的种族隔离始终保持在一个极高的水平。平均而言，如果要让黑人和白人均衡地分布在美国城市之中，则有 60%的黑人需要搬家。卡尔特、格莱泽和维格多尔考察了自 1890 年至 1990 年这一个世纪中的美国城市的隔离情况。从1890年至1940年，移向城区并定居下来的黑人几乎全在聚居区。在1940年至1970年，黑人聚居区得到扩展。不过，自1970年以后，城区的隔离有所减退，尤其是对于教育程度更高的非洲裔美国人而言。

卡尔特、格莱泽和维格多尔为城区隔离提出了三种不同的解释，并对其予以评价。最重要的因素是聚居区化所带来的非自愿隔离，因为白人会采取集体行动，通过非正式的或正式的手段来将黑人隔离在特定区域。卡尔特、格莱泽和维格多尔称其为“集体行动的种族主义”(collective action racism)——包括限制使用财产协定、种族分区、政策手段和暴力威胁。这些因素在1960年以前广为渗透，但在那之后，作为公平住房法和公民权立法的结果，它们变成了非法。然而，诸如审查和贷款的偏见等种族主义活动依然存在。

另一个因素是生活方式，尤其是对从南方搬至北方的非洲裔美国人而言。这些人像其他移民一样，在北方城市中寻求如黑人教堂之类的具有他们所需要的文化资源的区域。根据以上作者的看法，从南方来的非洲裔美国移民比北方当地黑人归属一个全部都是黑人的教堂的可能性要高出10%，而其生活在一个隔离的邻里街区的意愿也要高出24%。

第三个因素是“白人迁移”，即内城的白人居民多花钱，居住在全是白人的郊区社区：“数据似乎支持了今天的这样一种解释，即它是在公平住房法出台后数十年持续隔离的一个促成因素。”简单说来，大多数内城区黑人无法负担郊区生活，而那些白人则能够搬出去，生活在与黑人隔离的郊区区域，从而使城市中的黑人非自愿的隔离变成了永久性的。

卡尔特、格莱泽和维格多尔发现，尽管在经过整合的大城市区域有所收获，但“在我们的城市，更加纯粹的黑人区域比过去更多”。进一步而言，尽管黑人为城区住房支付的平均费用要低于白人，但他们租房的费用相对要高。

随着时间的推移，城市学家已形成了测量隔离的人口统计学手段。直到最近，两个一直被使用的关键测量方法是“相异指数”（index of dissimilarity）和“分离指数”（index of isolation）。马西和登顿（Massey and Denton，1993）对它们的定义如下：

(a) 相异

如果黑人相对于白人而言不成比例地居住在城市的某些区域，我们便会说，两个种族间的相异程度很高。相异指数测量搬迁至黑人区域的白人比例，以使两个种族均匀分布。最高的相异程度是1，即100%的白人得进行搬迁。按照马西和登顿（1993）的观点，0.3的程度被视为低，0.3至0.6被视为中等，高于0.6则被视为高。

但是，光有相异并不会造成少数民族聚居区。

(b) 分离

“在测量黑人与白人的分离时，我们想知道在这两个种族之间有多少互动。”（Massey and Denton，1993）在作者所使用的分离指数中，大于0.3的指数被认为是属于分离。

根据马西和登顿的观点，“如果一个城市的相异指数大于0.6而分离指数大于0.3，则它就拥有聚居区化的现象”（1993：5）。

马西和登顿（1993：74－7）介绍了另外三种测量隔离的指数：聚类（Clustering）、集中度（Concentration）和中心化（Centralization）。卡尔特等人（1997）发现，这后三种指数与前两种指数高度相关，因此在自己的研究中只使用了上文的（a）和（b）。但马西和登顿将五种方法作为独立的维度加以使用，以鉴别他们所说的“超级隔离”（hypersegregation）现象：

黑人不仅在任何单一的隔离维度上都比其他群体更多地遭到

隔离，而且在同时存在的所有维度上都要更多地遭到隔离。在美国大城市区域的一个重要的阳光地带，在五个维度中，他们至少同时在四个维度上被高度隔离，我们称这种模式为“超级隔离”。(1993：77)

马西和登顿发现，美国有近 1/3 的黑人人口仍旧生活在极端隔离的状态之下：“这些聚居区中的典型居民不仅在自己居住的特定邻里街区中不可能与白人有所接触，而且即使他们到相邻的邻里街区去，也仍然不可能看到一张白人面孔；假如他再去下一个邻里街区，那里还是不会有白人……在当代美国，没有任何一个其他群体会在城区社会中接近这种隔离程度。”(1993：77)

尽管存在隔离和超级隔离两方面的严酷证据，但自 20 世纪 70 年代以来的数据还是表明，在美国大城市区域，隔离程度一直在“适度地”下降。据卡尔特等人（1997）所言，在 1970 年以后，拉丁美洲移民以可观的人数一波波地来到美国，而他们通常会在低收入的邻里街区与黑人杂居在一起。此外，20 世纪 60 年代以来，已通过旨在反击房地产中的种族隔离的公平住房法发挥了一定的积极效果。受过教育的非洲裔美国人尤其得益于允许他们购买位于以前受到严格限制的大城市区域中的住宅的法律力量。

种族隔离不光是美国的问题。随着来自加勒比和非洲的黑人大规模流入，英国近来也显示出了在这一受关注领域的自身问题，自从 1981 年伦敦近郊的布里克斯顿发生暴乱以来，人们一直对此忧心忡忡。不过，两国之间仍有不同。在英国，种族构成没有美国那么多样化。此外，少数种族只在总人口中占据极小的比例。据估计，约 400 万少数种族生活在英国，约占人口的 7%，其中约一半生活在伦敦(Katwala，2001)。主要的少数种族有：印度人、巴基斯坦人、加勒比黑人、非洲黑人、孟加拉人和华人。少数种族不成比例地集中在主要城市和大的大都会区域中。在一个城市里，少数种族往往被隔离在贫穷的邻里街区或住房质量较差的区域，其部分原因是住房市场中的歧视行为和经济边缘化。

尽管存在空间的集中和隔离，但大多数少数种族都生活在混合区域（Daley，1998）。不过，像在美国一样，在英国的城市中，种族隔离和种族紧张状态绝非微不足道。无情的种族隔离，加上残酷的社会排斥和剥夺，导致了种族冲突和以种族为动因的暴乱。例如，在 2001 年夏季，白人与南亚青年人之间的冲突横扫了英格兰北部城镇和城市，包括布拉德福、伯恩利和奥尔德姆。这些曾因维多利亚时代工业繁荣富庶作为骄傲的榜样而为人称道的城镇，已经历了数十年的经济衰退。传统工业提供的大规模就业机会消失殆尽，与此相应，人们向在乡间不断扩展的郊区迁移，这便使亚洲和加勒比年轻人失去了就业机会。这种矛盾日积月累的酝酿使留在城区的白人变成了隔代遗传的种族主义及其政治支持者。

然而，在英国，存在一种特点鲜明的聚居区化的分割，这反映了区域的不平衡。在伦敦，种族集中地往往出现在政府为低收入者所建大型住房区域（住宅区），或以业主自住房屋为主的区域，尤其是在拥有大量亚洲人口的郊区城镇（索撒尔和温布利）。这些区域与受到富裕的城区专业人士支持的高度的世界大同主义并生共存。对比是触目惊心的。道格斯岛（靠近伦敦城金融街区的旧港区的一部分）的富裕的金融专业人士居住在高端的封闭式社区，而周围环绕着大型的第一次世界大战后住宅区域，那里的主要人口是贫穷的孟加拉工人。后者大批量地来到伦敦，以占据伦敦东端服装企业的劳动力国际分工的底层位置。20 世纪 80 年代末（当时伦敦城正在获得全球金融中心的地位）英国政府的一份报告说，孟加拉人健康水平差，受教育程度低，并很有可能成为最贫穷的公有住房的占据者（Rhodes and Nabi，1992）。

现在，伴随着全球化影响的增加和通常由不稳定的地缘政治所引起的跨国移民模式，其他欧洲国家也正在越来越多地经历在种族和人种方面都具有多样性的群体的流入，以及他们随后在大城市区域中的特定区域的隔离。在欧洲城市土生土长的现有的阿尔及利亚和摩洛哥第三代移民发现，自己越来越多地被边缘化，与新移民面临着极其相似的问题。近来法国禁止穆斯林妇女戴名为 hijab 的头巾的做法就是这些紧张态势的征候，但也指向了法国与前北非殖民地之间的历史悠久的关系。已经出现的问题，如巴黎外围公有住房区域穆斯林移民中与年轻人相关的高犯罪率，同美国经历的问题惊人的相似，而这种种族隔离记录曾经被认为是独一无二的。

参考文献

Cutler, D., E. Glaeser and J. Vigdor. 1997. *The Rise and Decline of the American Ghetto*. National Bureau of Economic Research, Working Paper 5881, Cambridge, MA.

Daley, P. 1998. 'Black African in Great Britain: Spatial Concentration and Segregation' *Urban Studies* 35: 1703～1724.

Katwala, S. 2001. 'The Truth of Multi-Cultural Britain.' *The Observer*, 25 November. www. observer. co. uk/race/story, accessed 10 May 2003.

Massey, D. and N. Denton 1993. *American Apartheid*. Cambridge, MA: Harvard University Press.

Rhodes, C. and N. Nabi, 1992. 'Brick Lane: A Village Economy in the Shadow of the City?' in L. Budd and S. Whimster (eds) *Global Finance and Urban Living: A Study of Metropolitan Change*. London: Routledge.

全球城市

全球城市（global city）这个术语指一些充当着全球经济的指挥和控制中心的经过精选的城市——如纽约、伦敦、东京。按照萨斯基亚·萨森（1991）的说法，这些城市区域的特征是，以从属于直接控制着全球各地的经济活动的跨国银行和公司的金融和商业服务为基础的地方经济。（参见“全球化”条目）

全球城市和全球化这两种现象不一定是相互关联的，而且大多数时候都暗示着两个不同的过程。所以有必要使用几个条目来传达有关发生在城市区域变化的信息，这些变化是世界资本的经济重构所带来的结果。

确实，重要的全球城市通过其与自己国家的语境相脱离的国际金融组织而彼此紧密相联。曼哈顿、伦敦城和东京的商业/银座区彼此间的共性都要大于它们与各自国家的其他城市的共性。还有一点也是对的，即其地方经济对那个金融区段的增长和缩减循环同样敏感。因此，尽管它们在20世纪80年代盛极一时，但也遭受了因失业增加、房地产抵押赎回权的取消、有助于支撑政府开销的公司税的锐减所导致的90年代初期的衰退。最迟到2003年，东京依旧陷于房地产崩溃所带来的泡沫破裂之创伤所造成的通货紧缩之中。因此，这些地方不是全能的，从这个意义上说，它们像其他类型区域一样，也会因对全球经济的依赖而在方式上（如果不是在程度上）遭受同样的磨难。

进一步而言，现在有了一种新的趋势，它完全脱离了特定城市中的金融活动的中心化。这是使全球城市有可能处于前列的同一种电信方面的发明创造所带来的结果。“例如，全国证券交易商协会自动报价系统（NASDAQ）已成为世界第四大股票市场：与纽约、伦敦或东京的交易所不同，NASDAQ缺少交易场地，而是通过电话和光纤电缆将世界各地50万商人联系在一起。与此类似，巴黎、比利时、西班牙、温哥华和多伦多，近期都废止了其交易场地，而代之以基于屏幕的交易”（Warf，1996）。这种新的配置主要集中于证券交易所，通过股份化自己成为私人公司的拥有者，股东可以处于任何地方。

萨森的文章还顺便提及，始终存在一种金融中心国际分级制度，这一事实是依旧大权在握的外部规模和范围经济与房地产在投资银行资产负债表中所扮演的角色（不是只简单地具有指挥和控制功能）之间相互作用的结果（Budd and Parr，2000）。伴随着许多次级活动被数字化或去中心化，还存在一种独特的金融功能分级制度。在过去的10年中，伦敦已见证了金融服务就业岗位的大幅缩减，当伦敦具有了靠股息生活者的姿态而不仅仅只是个全球城市时，这些岗位将由商业服务的增加所弥补。戈登（Gordon）估计，伦敦经济中60%的就业岗位要指望地方和国家而非全球市场的需求（Buck and Gordon，2003）。所以，认为金融交易活动需要那种可形成在“全球城市”中心街区聚集的同类型的面对面的互动，这种假设现在有可能被高估了。

全球城市的命题在许多城市的案例中总是会被简单化。伦敦城拥有作为全球经济中心的悠久历史，早在萨森提及的状况出现前即已声名卓著。它的船运和保险公司为大英帝国的贸易提供了担保，其第一家全球公司——东印度公司——在1600年即已成立（Porter，1998）。新兴的信息经济，以及其对各种类型的电子通讯的加速使用，既具有去中心化的反向趋势，又为包括多中心的区域增长（参见“多中心大都会区域”条目）在内的新中心的发展提供了支持。此外，NASDAQ的例子显示，这种基于电子交流手段的同一种信息模式导致了虚拟的聚集网络，而毋需特定的实际地点。在某些与金融服务提供商之间的战略性联盟相伴随的情况中，虚拟的聚集网络确实是一种引领世界商业的新方式。国内竞争轨道而非全球竞争轨道似乎依旧会出现在议事日程上。全球化通过大都会的能动性而与现代性相联，但进入全球城市重组的逻辑飞跃依旧是概念上的和经验性的猜想（Budd，1995）。

全球城市的宣告包含了这样一种命题：指挥和控制功能的聚集对地方劳动力大军以及相应的地方服务和住房市场结构的影响。这种“社会两极分化”（social polarization）命题也是由萨斯基亚·萨森（1991）提出的。她声称，在特定的全球城市中的经济变化过程会导致职业和收入结构的日益两极化，借此，分配的高低两端都会出现一种绝对增长，而中间部分则会缩减。在萨森看来，“全球城市”成为跨国公司和金融资本的指挥和控制中心的落户地，结果它的职业结构受到了金融和商业服务的控制。这样的全球城市已经经历过传统制造业的衰退和低技能的服务工作的增长。结果，劳动力大军日益由高薪的专业人士和低薪的服务工人所构成。这转变成了一种倾斜的住房模式，其中，城市的一些区域被中产阶级化并成为富庶的飞地，而城市的其余部分则在衰落，成为劳苦穷人的居所。于是，“职业的两极分化与日益增强的社会、房屋租赁和种族隔离相伴而生”。

克里斯·哈姆内特（Chris Hamnett，1994）观察发现，萨森的这些言论都基于纽约和洛杉矶的案例，但在其他地方，都不是事实。后来，他又怀疑萨森的命题也许因为其聚焦于个体而只是特例。然而，在社会分层的等级制度的下端，更好地表达了对于经济适应性的是作为一个整体的家庭单位，而不是个体。如果我们将家庭收入和行为考虑在内，那么她的命题甚至在纽约或洛杉矶的案例中也不正确。在哈姆内特看来，否则就会遭到边缘化的、住在一户之中的工人也许是非正规经济的资源库和手段，这样他们才能保持住中间的位置。进一步而言，萨森针对纽约和洛杉矶的言论也许只是“因其高度的移民程度和大量低技能、低薪酬工作的创造”而得到了证实（Sassen，1991）。

哈姆内特（1994）反对萨森的两极分化命题：“认为变化正在制造大量低技能或低薪酬的工作和变化导致了更大比例但不一定是大量的

低技能工作的断言之间存在巨大的差别"，也就是说，这是种转变，而不只是绝对的增长。"这在纽约和洛杉矶也许是对的，但在大多数西方资本主义国家，半熟练和不熟练工作的数量在最近二三十年间一直在稳步减少（Hammett，1994）。"尽管可以发现一些相对两极分化的证据，但这完全不同于认为变化正在制造大量低薪工作的提法。后者不是事实。

哈姆内特说，有许多证据表明，随着后工业主义的兴起，扩张中的就业区段是中产阶级专业人士和管理人员。还有，大量低薪工作日益增多的份额存在是低技能移民大量注入的结果，尤其是那些在纽约和洛杉矶的拉丁美洲人。因此，在哈姆内特看来，萨森错误地将这两个城市的情况泛化到了全球各地，而这是一种谬论。

全球各地的城市无疑都是贫富间不平等和巨大悬殊的所在地（参见"不平等与贫困"、"少数民族聚居区与种族隔离"条目）。然而，令人极端怀疑的是，造成被萨森称为"全球城市"的金融服务和银行总部的中心化的经济重构会导致这种模式。将近70年以前，芝加哥学派的研究者们观察到了城市中同样类型的两极分化，将这种对照称为"黄金海岸与贫民窟"，而在100多年前，弗里德里希·恩格斯就记录了由工业资本主义在英格兰城市所制造的极端富裕与贫困间的悬殊差异（参见"不均衡发展"条目）。

萨森对于银行和金融业往往会处于精选城市市中心地带的观察是正确的，但很难说这一特殊模式是其他有关就业结构和住房社会影响的最大原因。像美国的纽约、芝加哥和洛杉矶这样的地方，在前数十年中曾极大地受惠于自由移民政策，而且在这些区域，制造业的数量也要多于萨森之流愿意承认的。大伦敦经济（即伦敦地区）仍然雇佣了约30万位直接从事制造业的人。制造业和服务业的不同分类一向都没道理。在1998年底，英国国民核算改变了软件业的分类，将之从商业消费变成了投资。软件业既因实质的和虚拟的传送而属制造业，也是服务业。信息经济的这种定义问题仍将妨碍充分的分析。

除了这些批评要点外，萨森和哈姆内特都犯了其他那些致力于讨论全球化现象及其对城市影响的城市学家们会犯的典型错误。他们将区域与市中心本身进行了合并。有关这一谬论的批评，请参见有关“多中心大都会区域”（MMR）的条目。例如，哈姆内特声称，出于其分析目的，那些是指挥和控制全球经济之功能的所在地的“少数大规模城市区域”“应当称为世界城市”。萨森甚至更粗枝大叶。她简单地假设，曼哈顿可以代表整个纽约城区域，而该区域实际由三个州构成——纽约、新泽西和康涅狄格——其总人口超过2 000万，同时，她将被称为伦敦城的著名英格兰金融区与大伦敦的实际正在扩张中的巨大区域合而论之。因为这种特殊的概念性错误，对所谓的“全球城市”及其社会影响的分析便是十分令人怀疑的。不幸的是，许多城市学家还在继续犯着同样令人误入歧途的错误。例如，分析家们通常所说的“纽约”，经过更近距离的数据调查之后才弄清，却原来只是曼哈顿行政区。

如今，这些谬误也见于政策文件之中。有关伦敦经济的政策一直错误地建立在“生金蛋的鹅”的原则基础上。也就是说，规划和税收政策不应当做出任何可能挫伤主要位于伦敦城（即商业区）内的服务经济的金融、保险和房地产（FIRE）区段下全球“金蛋”的行为。可是，大伦敦经济的复杂性，以及因市场关系扩张到了都市生活的多数方面所造成的双重性质，都会遭到冷淡的对待。正如一位观察家仅就基于全球化理论的政策谬误所作的评论那样：

> 到了最后一年，伦敦再次拥有了一个当选的议会和一个负责制造行政策略的市长……一个重大的风险是，这些计划也许是基于对伦敦局势的错误理解，因而无法为了它的市民去实现得到市长和高级政客们支持的平等主义的渴望。（Edwards，2002：26）

因此，更为关键的是要研究多中心大都会区域在社会、文化和经济因素方面根据自己的情况而作出的改变，而不是认为所有的发展都源于某些由全球化理论提出的更高层面的范畴。

参考文献

Buck，N. and Gordon，I. 2003. *Working Capital*. Oxford：Blackwell.

Budd，L. 1995 'Globalisation，Territory and Strategic Alliances in Different Financial Centres' *Urban Studies*（32）2（March）.

Edwards，M. 2002. 'Wealth Creation and Poverty Creation' *City* 6（1）：91～100.

Hamnett，C. 1994. 'Social Polarization in Global Cities：Theory and Evidence' *Urban Studies* 31（3）：（April）.

Sassen，S. 1991. *The Global City*. Princeton，NJ：Princeton University Press.

全球化

全球化（globalization）是指由跨越国境的信息、金钱、人和商品循环所昭示的世界经济日益增长的相互依赖性。它的典型特征是国家对大公司拥有权的衰减过程，其受益者是一些经过选择的“跨国公司”，它们的运作不会考虑其决策可能对全球各地特定区域的影响。

在最近一段时间里，这些跨国公司对世界商业的控制权日渐兴隆，我们在全球城市的案例中（参见前一条目）讨论过的金融资本使之成为可能的那种货币的电子汇兑在此期间变得至关重要。组合证券投资（股票、债券以及衍生产品）的全球化促成了外国直接投资（FDI）的增长，而后者是过去30年中经济活动跨国化的主要驱动力之一。日益增加的资本流动性带来了制造业地理组织中和金融市场网络中的变化。尤其值得一提的是，它使跨国公司在世界各地的边远地区寻找落脚点成为可能，它有可能以最低的价格来供应制造业所需劳动力。这种“劳动力资源”最主要的是导致了廉价消费产品的持续生产。先进工业国家的工厂一家接一家地关门歇业，而供应一切的包括从钢铁到旅游鞋的新工厂则在如越南、多米尼加共和国以及马来西亚这样的地方纷纷建成。这种一方面去工业化另一方面又对新的劳动力资源进行剥削的模式正是“全球化”的特征。

美国或英国这样先进的西方国家的消费者可通过参观一家零售机构（如大型购物广场的服装店）来体验全球化的这一维度。衣服上的商标声明它们来源于孟加拉国、墨西哥、马来西亚和多米尼加共和国的低薪工厂。服装的品类一模一样，只有它们的产出国和制造它们的血汗工厂不一样。在同一家百货商场，你还有可能在电子柜台边因这种全球化销售而获得增值服务。亚洲国家，尤其是中国，统治着商品的制造业。消费者对这些电视和音响是在何种状况下生产的一无所知，但他们确实会对它们相对便宜的价格作出反应。全球化的各个方面在有关“全球城市”、“不均衡发展”、“社会空间法”和“城市化与城市主义”的条目中有所涉及，所以我们在此不再赘述。

然而，全球化所涉及的远不只是制造业向国外的迁移。正如我们已经提及的，金融资本的增长、范围和令人难以置信的功效也意识到了它的存在。利用这个遍布着电线的星球上最先进的电子交流手段，货币从一项投资向另一项投资的转移在全球范围内得以执行。这些资金流中的许多都由全球各地的不同投资与商业银行间的汇兑构成。日益增加的资本流动性也对需要确保制造业和金融业的这种新组织的管理、控制和服务的产品类型提出要求。这些新的产品类型的范围广大，从电信的发展，到对于由工厂、办公室和金融市场构成的全球网络的管理而言是关键性投入的特殊化服务，不一而足。出于这些原因，全球化与全球城市的概念是相互关联的，尽管只有前者的社会、职业和文化影响得到了毫无保留的承认。进一步而言，在法国经济和社会理论家罗伯特·博耶（Robert Boyer）看来，尽管国际化正在经历一个新的阶段，但全球化尚未完成，依旧主要与金融相关（Boyer，2000）。所以，理解“全球化”这一术语的局限性在今天仍然非常重要。

在萨森（1994）看来，全球化对先进的资本主义国家之城市的影响既是社会的，也是经济的。我们在上文的“全球城市”条目中讨论了日益增加的两极化的令人可疑的社会后果，并且发现萨森的观点缺少证据支持。然而，与之形成对照的是，全球化的经济后果尽人皆知，并且得到承认。事实上，这些影响得到如此全面的记录，以致当它们的研究涉及自 20 世纪 60 年代以来就折磨着先进国家的去工业化过程时，其在日期上要早于萨森的著作（更多的讨论参见“不均衡发展”条目）。

在英国的案例中，许多为萨森所注意到的经济影响事实上早在17世纪就已出现，当时，制造业的生产从本国转向了由伦敦的商业银行资金资助的殖民地所在地（Kynaston，1994）。不过，萨森以一种有效的方式对这些影响进行了总结。正如她所注意到的，因为去工业化和大多数制造业工作向以前处于边缘而现在拥有挣取相对较低工资的劳动力的国家的转移，曾经是遥遥领先的制造业中心的城市现在日益衰落。在发达国家，只有那些一度繁荣的地方仍旧是金融资本的指挥和控制场所，并有助于调节资本的快速交换。例如：

> 巴黎现在与20年前相比，集中了在法国居于领先地位的经济部门和财富的更大份额，而马赛这个曾经的重要经济中心已失去了它的份额，正在遭遇严重的衰退。（Sassen，1994：5）

萨森认为，全球投资已经追随了这种转变，流入了少数精选的全球城市的房地产部门，从而导致了针对高薪的都市专业人士的住房价格的大幅攀升。通过革新、中产阶级化和新建构，全球城市的景观已因这种投资而改变，城市中老的住房供应乃至老的街区都在这种投机性攻击之下消失殆尽。

> 我们在许多房地产开发商从低收入和中等收入的住房市场的撤出中可看到同样的影响，吸引他们的是新兴的高薪专业人士对于住房迅速扩展的需求，以及这种住房供应的大幅度地过高标价的可能性……国际物业市场的迅速发展更使这种差异雪上加霜。它意味着，位于纽约城中心地带的房地产的价格与伦敦或法兰克福的关联程度更大于其与该市的整体房地产市场的关联。新增区段制造高利润的能力部分得依靠投机行为。（Sassen，1994：6）

然而，国与国之间存在显著的不同。例如，英国的住房市场更主要的是受到如位置和交通优势等地方因素的影响，而不是全球影响力的影响。因此，集中了商业和金融服务的、属于英国最富裕部分的整个英格兰东南部地区最具历史沉重感，但显示了最高的住房成本。驱动这些成本的因素是国内的和地方的，而不是全球的。

在萨森看来，全球化也涉及了一种不同于以往的经济活动。她有关这一活动的评论对于理解当前的世界经济及其对地方的影响最具启发性：

> 当国际潮流由原材料、农产品或矿业商品构成时，交易的地理格局部分取决于自然资源的所在地。从历史上看，这意味着非洲、拉丁美洲和加勒比地区的许多国家在这一地理中是关键所在。(1994：10)

现在，最重要的制造业所在地是那些可提供廉价劳动力而非资源本身的地方，但商品市场除外，在那里，交通成本仍旧十分关键。世界各地的那些可以控制自己的工人、没有工会、可以吸收不规范的制造业所带来的环境成本并能够以有限的工资留住人的地方，已经变成了全球经济的关键生产场地。这些事实与先进工业社会有组织的劳工不相符，在那些地方，工人与资本家之间存在着一种新的紧张关系，它已经在向全球范围转移。

进一步来说，尽管制造业无疑已在向以前的边缘地区转移，但资本的拥有者依然在很大程度上保持不变，集中在先进工业国家的部门内，自资本主义出现以来的总体状况一直如此。在论及从第一世界国家流向欠发达国家的资本，即外国直接投资（FDI）时，萨森（1994）注意到，“到20世纪80年代中期，全部FDI股份中的75%和服务业中84%的FDI股份都在发达国家”。因此，从世界财富分配的角度来说，在生产的全球化状态之下，几乎什么都没有改变。90%的世界收入和财富仍位于三个主要区域：北美、欧盟和东亚。与此类似，大部分的电话、互联网和飞机航运也在这三个区域之间穿梭流动（Budd and Clear，2001）。

最后，因为发达国家以前的制造业城市都经历了去工业化和随之而来的衰退，目前它们就需要寻找复兴当地经济的途径。许多城市已经发现，在目前资本自由流动的条件下，这是个艰巨的任务。曾经集中于一处的投资似乎轻而易举地就会被抛弃，以便投向下一个具有竞争力的地方。工厂被公司要么兴建要么整修，只为了当它们的拥有者被其他资本源买下时关闭。曾经致力于推行标准的环境规章的拥有制造业的地方如今被告知，忘掉此类倡议，否则就得冒将资本赶向别处的风险。总之，前数十年的全球化确有成功之处，但在被资本投资抛弃的地方，也有许多一言难尽的辛酸经历。

简言之，在当前资本随意流动的条件下，许多城市正在经历以资本外流和随后出现的吸引新投资的必要性之形式出现的全球化，对于这些城市而言，有一种再造其所在地生存能力的迫切需要。诸如旅游业与文化和体育事业的扩张一类的活动已经在许多城市区域被传统制造业取而代之。目前，美国的中心城市区域在持续的衰退紧缩和与其他地方的空间竞争的情况下，还在继续寻找吸引资本的策略。

在欧洲语境下，许多不被视为重要的全球城市的地方，随着经济活动的新形式以及与之相伴的社会和文化资本在那里的落位，却在近年十分成功地恢复了活力。例如，马赛利用自己的港口地位和海边位置，已将自己再造为法国最具吸引力的地区之一。欧洲最富裕的城市是汉堡，虽然常被当作德国的全球城市被提及的是柏林和法兰克福（European Commission，2003）。汉堡一度是个繁荣的港口和造船中心，现在则是欧洲最大的商品转运中心，其基础是船运、保险和后勤服务的提供。汉堡还是欧洲飞机制造商空中客车公司的主要生产地之一，在 2003 年，空客压过了波音公司，成为世界上最大的民航飞机的销售商。它的股票交易约只占德国成交量的 2%，所以几乎算不上是个全球城市，但按人均收入来算，汉堡仍旧是欧洲最富有的城市。

此类城市间的差异使得空间竞争更趋紧张。与此同时，有组织的劳工仍在继续想方设法地想要驯服国际资本反复无常的方面，以及跨国公司对任何特定地区依附性的缺乏。然而，这并非什么新鲜事，正如戴维·哈维（David Harvey）清楚言明的那样：

> 因而，假如“全球化”标志着任何有关我们最近的历史地理的东西，那它最有可能是资本主义空间生产之下完全相同的基本过程的一个新阶段。（2000：54）

简言之，正如哈维所观察到的那样，全球化仍然是资本主义发展的一个阶段，而按照博耶的说法，它是处于一种流动状态中的阶段。结果，它也是将个体区位保持在一个流动状态中的过程。然而，它并不如某些人所言，是资本主义的全新的和决定性的阶段。

参考文献

Boyer, R. 2000. ‘Politics in an ear of globalization: a regulationist view’ *International Journal of Urban and Regional Research* 24 (2): 274～322.

Budd, L. and F. Clear, 2001. ‘The Business Environment for eCommerce’ in L. Harris, P. Jackson and P. Eckersley (eds) *eBusiness Stuctures*. London: Routledge. pp. 1～25.

European Commission, 2003. *Cohesion Report*. Luxembourg: European Commission.

Harvey, D. 2000. *Spaces of Hope*. Edinburgh: Edinburgh University Press.

Kynaston, D. 1994. *The City of London: A World of its Own, 1815～1890*. London: Pimlico.

Sassen, S. 1991. *The Global City*. Princeton, NJ: Princeton University Press.

Sassen, S. 1994. *Cities in a World Economy*. Thousand Oaks, CA: Pine Forge Press.

无家可归

无家可归（homelessness）者指那些自己无力负担安身之处的人。由于无家可去，他们睡在露天或如街道、车道、公园和地铁等公共空间里。无家可归者睡在旧汽车里的情形也很常见，也许那辆旧汽车就是他们在失去家之后的唯一重要财产（有关对住房市场的更多解释，参见“住房”、“房地产”条目）。

尽管在发达国家和发展中国家的城市中，在住房的可获性和质量方面通常截然不同，但无家可归的问题在先进的工业社会中正变得越来越令人担忧。20 世纪 90 年代初期，几位观察者指出，在美国存在着流落在城市街头的显而易见的无家可归者，尽管他们未对这些人的准确数字予以统计。一位观察者认为，在 20 世纪 90 年代的 10 年时间里，无家可归的人要多于自 20 世纪 30 年代大萧条以来的任何其他时间（Blau，1992）。另一位观察者估计，在美国，在任何一个指定的夜晚，都有多达 35 万人没有安身之处（Peroff，1987）。此外，人们还注意到，像在美国一样，欧洲城市中的非法占据空屋行为和无家可归正变得越来越常见（Adams，1986）。

无家可归在欧洲那些曾经拥有雄心勃勃的由政府资助的住房项目的国家里是种日益彰显的现象。在一份 1995 年的报告中，欧洲无家可归者观察站估计，西欧国家中有 200 万无家可归者。这个数字包括了英国近 50 万的无家可归者，仅次于这一数字的是法国，那里有 30 多万的无家可归者。德国在成员国中拥有最庞大的数字，据估计有超过 80 万无家可归的人。欧洲国家的无家可归者的程度因国而异，其原因多种多样，包括国家经济状况、住房市场状况、房地产投机和福利政策。社会主义国家衰落的影响和由国际状况所决定的灵活劳动力市场的兴起也在欧洲随处可见，导致了无家可归情况的增加。

像在美国一样，英国自 20 世纪 80 年代以来无家可归的问题日益严重。例如，在英格兰，向地方当局申请无家可归补贴的家庭数量从 1997 年至 1998 年度的 102 650 户增加到了 2000 年至 2001 年度的 114 340 户。像在其他地方一样，这些数字低估了无家可归问题的规模，因为单身的年轻人和没有孩子的夫妇尽管无处可去，却并不被地方当局列入“优先需要”范围而予以接受。出于这一原因，无家可归的年轻人在英国城市越来越司空见惯（Smith，1999）。此外，官方数字中不包括居住在临时住所的“隐形的无家可归者”。英国无家可归者慈善团体“危机”估计，还有约 40 万人不得不住在临时住房里。在英国，无家可归的种族和性别维度也在日益增加（*The Guardian*，18 June 2004）。进一步而言，日益增大的城市贫富差异正在影响乡村地区的无家可归状况，正如最近的“乡村事务机构”报告所注意到的那样（2004）。城市专业人士购买第二套住房的行为推高了农村地区的房价，进而使久居当地的人口失去了住房机会，并影响了当地的房地产市场（Countryside Agency，2004）。

在许多欠发达国家的大城市中，缺少充足的和可负担得起的住房是相当普遍的问题，与发达国家相比，其城市无家可归者的规模是巨大的。全世界无家可归者的数量，根据定义的不同，据估在 1 亿人至 10 亿人之间（UNCHS，1996：229，2001：197）。1 亿这个较低的数字只将那些根本没有住所的人（即无家可归者）计算在内，而 10 亿这个较高的数字则包括那些住在低于标准的、不安全的或临时住所内的，得不到诸如安全的水、卫生和排水系统这类最基本服务的人。无论用哪种方式来测量，无家可归都是个全球性问题，尽管冷漠的统计数字本身并没有准确地揭示无家可归的破坏性状况。对于许多城市穷人来说，睡在公共建筑、公园或其他公共空间里也许是他们日常生活的一部分。

例如，在印度，无家可归者实际上随处可见：在人行道上、公园里、未使用过的水管中、大桥下。其中的一些足够幸运，可住在由地方政府、非政府组织或其他社会机构提供的夜间收容所中。处于这两种境遇——睡在露天和睡在夜间收容所中——的个人和家庭随处可见，常常背负着罪犯或危险分子（这是最好的状况）的污名。近期来到城市的移民时常与亲戚朋友共居一室，从而掩盖了其住所缺乏的状况。还有大量隐蔽的无家可归者由因家庭暴力和性虐待而离家出走的妇女和儿童构成。

在发展中国家和发达国家中，最常见的无家可归人口都是由失业者、移民、吸食毒品者、有精神疾病者、少数种族或少数民族、遭到殴打的妇女、离家出走的青少年和街头流浪儿童构成。然而，一些睡在公共建筑或开放空间里的无家可归者有足够的收入可租房或租床。另一些人在乡下有家，但他们在农场的淡季搬到城市来打零工。他们选择睡在露天或夜间收容所中，为的是尽可能多地存钱。虽然无家可归者的人口统计学剖面是特点鲜明的，但结构性力量而不是那些人口统计学特性，才是支撑无家可归问题的东西。在最大的城市中，可负担得起的住房一直供不应求，其原因是全球化所带来的投机和房地产成本的上升趋势。无家可归问题日益成为一个全球性问题，其地缘政治学的后果在发展中国家以外没有得到充分的理解。在中国这个当前全球增长的明星国家中，在最大的城市里，非正式人口（那些没有城市户口的人口）几乎与正式人口相当。在属于最富裕的城市之一的上海，2003 年的正式人口约为 800 万，而其总人口达 1 500 万。不过，上海当局宣布了一项计划，要建设一个多中心区域，其正式人口到 2020 年可达 1 500 万。无论这一新发展是否是可持续的，它都将取决于农民工的流入规模，这些农民工被城市里的机会所吸引，其数量要大大高于官方所承认的数字（Safier，2001）。

因而，简单说来，在美国和一些欧洲国家，如英国和那些前苏联国家，无家可归主要是福利状况重构和公共补贴减少的结果。在发展中国家，移民持续向既无“正式”居所的供应又无全日制工作的城市区域的集中流入导致了无家可归状况和棚户区的出现（参见“贫民窟与棚户区”条目）。在这种情况下，再加上全球经济没有任何的改善，无家可归者的存在将会在世界各地的城市区域中持续下去。

参考文献

Adams，C. 1986. ‘Homeless in the Postindustrial City：Views from London and Philadelphia’ *Urban Affairs Quarterly*，21：527～549.

Blau，J. 1992. *The Visible Poor：Homelessness in the United States*. NY：Oxford University Press.

Countryside Agency，2004. *The State of the Countryside* 2004. Wetherby：Countryside Agency Publications.

The Guardian，2004. ‘When a House is not a Home’ London：Guardian Newspapers. 18 June. http：//society. guardian，co. uk/homelessness/story/0，8150，1243937，00. html accessed 22 June 2004.

Peroff，K. 1987. ‘Who Are the Homeless and How Many Are There?’ in R. Bingham，R. Green and S. White（eds）*The Homeless in Contemporary Society*. Beverly Hills，CA：Sage Publications. pp. 33～45.

Safier，M. 2001. ‘Transforming Shanghai：Landscapes of the Turbo-Dynamic Development in China's “World City”’ *City* 5（1）（April）.

Smith，J. 1999. ‘Youth Homeless in the UK：A European Perspective’ *Habitat International*，24：63～77.

United Nations Center for Human Settlements（UNCHS），1996. *An Urbanizing World*. Oxford，UK：Oxford University Press.

United Nations Center for Human Settlements（UNCHS），2001. *Cities in a Globalizing World*. London，UK：Earthscan.

住　　房

住房（housing）资源在资本主义社会被房地产市场商品化并由它来进行分配（参见“房地产”条目）。存在一个供租赁的私人住宅及商业房地产市场。在资本主义制度下，住房的类型和质量像其他任何商品一样，其获得取决于购买者支付市场所决定的安身之处费用的能力。如同所有消费者的购买活动一样，也存在可利用的发放贷款的机构，它通过提供有利息回报的金钱来帮助消费者获得商品。然而，在美国私有住房的案例中，提供贷款的制度性框架，即抵押贷款，相当复杂，除了受到整体银行业的正常调节外，还要受政府调控。不过，基本的约束依然如故——你居住在能够负担得起的房子和区域里，无论你是租还是买（被称为住房所有权类型）。美国与其他资本主义国家的规定之间有一个不同之处：美国人在购买独栋的家庭住宅时会得到补贴，因为联邦政府允许他们在支付贷款时可获得全额利息的税前减免。因此，租房者便自动得到差别对待，因为他们得不到与此可资比较的减免税赋的规定。

在英国，住房环境同样复杂，但可获性和可负担性的紧要问题像其他地方一样始终存在。社会化住房是英国业主居住房屋的主要提供者。政府为低收入者提供的新建公共住房遭到了忽视，大多数公共住房正从地方当局手中转向社会化住房机构。英国 1982 年的住房供应的构成为：58%的业主居住房屋，10.8%的私人租住房屋，2.2%的社会化住房，29%的公共住房。在 2002 年，这些数字分别为 69.8%、9.7%、6.6%和 13.8%（www.odpm.gov.uk）。

正如经济合作与发展组织（Organization for Economic Co-Operation and Development）近来注意到的那样，住房市场的业主居住这一部分既是英国经济增长之源，也是经济稳定之源（2004）。住房价格是当前平均收入的 5.2 倍，与之相比，是长期平均收入的 3.5 倍。英国的自住房业主通过以其当前住房价格与其贷款总额间的差额为标准的贷款来开发其住房财富，这在美国被称为资产净值（equity）。这一直是维持高消费水平的重要源泉，尤其是在英格兰东南部（英国最富裕的区域）。近期一份受财政部委托所作的报告注意到，英国已经历了房产价格的长期上升趋势，在近 30 年中，每年的增幅为 2.4%，这导致了可负担性的问题。为了释放 1.8%的房产价格趋势，英格兰每年可能需要额外多出 7 万套住宅。为了使房产价格趋势与欧盟 1.1%的平均水平保持一致，则每年还需再有 12 万套住宅（HM Treasury，2004）。尽管 20 世纪 90 年代初取消了抵押贷款的减税规定，英国的房屋价格仍在上涨，住房始终是英国个人财富的主要形式。

因为城市土地的价格由其区位所决定，而不是由其作为一种资源的内在价值所决定，住房的类型和布局取决于无论是否需要贷款辅助的支付能力，这就直接导致了大都会区域内的人分布的空间不平等（参见“不平等与贫困”、“少数民族聚居区与种族隔离”条目）。由房地产市场所造成的差异决非仅仅是贫富差异那么简单。安身之处的价格间的巨大差别在整个大都会区域导致了一种相当精细的过滤过程。例如，由于开发商在郊区住宅区域的活动，独栋家庭住宅根据差异仅为 20 000 美元的价格聚集在一起。比如说，一个正在寻找其价格承受范围在 20 万美元以内住房的家庭，也许不能购买住宅起始价格在 22 万美元以上的位于郊区区段的住宅。导致居住组团的还有租赁市场。在任何指定的建筑或公寓大楼中，租金的变动被限制在一个很狭窄的范围内。负担不起一个地方价格的人就必须在其他地方寻找，直到找到一处有可获得的能负担得起的住房单元的住宅群。总之，资本主义制度下的私有房地产市场根据购买力来分配住房，但结构和开发活动会将价格相似的住宅单元组团在一起，从而使同一机制可导致不同收入个体的区域规模的隔离（起作用的还有种族偏见，见下文）。这种组团不是区位的一个独立方面，而是美国住宅房地产市场的一个内在特征。

经济歧视与操纵

在美国，经济歧视（redlining）与操纵（steering）是最常见的两种差别对待活动。经济歧视是由金融机构代理商（银行、保险公司）拒绝向特定地理区域提供获得如抵押贷款和保险政策之类资源的过程。遭受此待遇的大多数是穷人和少数族。在英国，此词指邮政编码摸彩，它还会影响到教育和医疗提供。金融机构通过邮政编码来追踪住宅价格，并按照邮政编码区域来提供不同程度的金融资助。

操纵是房地产经纪人将属于少数族或穷人的预期顾客转向特定地区，使之远离居住在白人和/或相对较富裕的邻里街区机会的做法。与此类似，房地产经纪人还会将某些地段推销给家庭，因为位于表现较好的（通常是中产阶级的）学校的下游区内的地段得支付额外费用。

住房可获性

人们可以有资格买房，但经常出现的情况是，他们其实买不起房，因为买房的财政负担过多地消耗了个人总收入。根据联邦政府的住房与城市开发署的指导方针，住房费用负担被定义为无论产权（即租房或自住用房）如何都需支付每月收入的 30%以上者。根据这一计量，全美超过 28%的家庭在 1990 年的人口普查阶段都有费用负担，这个数字大得令人不安（‘Housing Problem’，www. ruralhome. org）。在许多城市区域，承租人不成比例地出现在那些为安身之处支付着超额费用的人之中。这一现象的结果指向了不均衡发展的另一维度（参见“不均衡发展”条目)。提供可负担得起的住房的充足供应在美国显然是个问题，正如在英国的情况一样。这一问题以及作为它的典型代表的不均衡发展的最清晰的指征是大都会区域内的无家可归人口的存在(参见上文的“无家可归”条目)。

住房与隔离

对于那些买得起住房与买不起住房以及那些是白人和不是白人的人而言，存在一个二元的住房市场。

住房中的歧视通过银行不批准贷款和房地产经纪人使顾客前往或远离特定区域的操纵形式出现。

租赁单元有其自身的歧视因素，如房东因种族或其他理由而拒绝将房子租给预期租房者的行为。在英国，社会化住房带有一种倾向，一旦违背协议条件，一份好的租赁协议会被收回。这些协议所开具的条件通常十分繁琐，而且更多的是针对较贫困家庭和个人的社会控制。与此类似，英国地方当局已引入了针对租住公共住房人的反社会行为准则(ASBOs)。机能不良家庭和单亲家庭(英国拥有欧洲最高的未成年人怀孕率)被排除在住房之外，而不是由合适的支持机构来处理其健康和行为问题。在最近20年中，住房政策中一直存在一种可感觉得到的转变。住房财富还与较长的寿命密切相关。英国近期的研究显示：

- 无家可归者的死亡率是国民平均水平的25倍；
- 临时住宿地(只提供床和早餐的廉价旅馆)居住者的死亡率是有住房者的4～5倍；
- 招待所房客的死亡率高出7倍；
- 露宿街头者的死亡率高出25倍。

拥有超过10万英镑(相当于本书写作时的28.5万美元)的住房资产净值(当前价值与贷款额度间的差额)的家庭中的人，其寿命平均而言可能是那些露宿街头者的两倍(Dorling，2003)。如今，几乎在所有国家，住房都是种特权而非权利，甚至在那些曾经拥有雄心勃勃的公共住房项目的国家以及政府承诺要向所有家庭提供充足住房的国家也是如此（参见本条目的相关内容）。

住房质量

除了可负担性和空间隔离的问题外，在得不到维修或正在毁坏时，住房可能也会成为一个问题。联邦政府的住房和城市开发署根据物理和结构缺陷的类型而对低于标准的住房给出了定义（‘Substandard Housing Defined’，www. rental-housing. com）。不完善的住房：可能缺乏冷热水或抽水马桶，或既无浴盆又无淋浴；它也许拥有已经坏了的供暖装置，或者供暖装置在前一个冬天至少有 3 次 6 个小时以上不工作；它可能没电，或电线暴露在外，房间没有可用的插座，或者，在 90 天的时间里有 3 次保险丝熔断或断路器短路；它可能在如过道和楼梯之类的公共区域没有可工作的电灯组件，台阶缺损，电梯毁坏，栏杆缺失；它可能有至少 5 个在 90 天后仍未得到修理的基本维修问题，如漏水、地板或天花板有洞、油漆剥落或灰泥开裂，或有老鼠出没的痕迹。

如果一个住宅单元有下列一个以上的问题，则它可能被划分为“普通的”不达标住房：具有抽水马桶反复损坏问题；不通煤气，石油或煤油加热器是主要的供暖装置；没有水槽、冰箱或烤箱（虽然现在可使用微波炉）；上述的过道问题；上述的维修问题。

有问题的租赁住房由可征收罚款的美国联邦政府的住房与城市开发署（HUD）调节，并受到美国住房统计的监督。例如，根据 1998 年在纽约城进行的一项调查，统计发现，布朗克斯区的所有租赁单元中有超过 20％的单元、布鲁克林区有超过 15％的单元、曼哈顿区有超过 16％的单元，都达不到标准。这对于一座“全球城市”而言是个很高的百分比，清楚地显示了在本书其他部分所讨论的不均衡发展的性质。与美国最贫穷的农村地区之一的肯塔基和西弗吉尼亚的阿巴拉契区域（Appalachian Region）相比，这些数字也非常之高，后者 1990 年的不达标单元超过了 10%（‘Housing Problems’，www. ruralhome. org）。

住房质量与贫民窟

参见“贫民窟与棚户区”条目。

根据 HUD 的说法，“最广泛使用的住房能力定义建立在对个人住房的评估基础之上。但住房合格状况受到住房所在周围区域的物理和社会环境的极大影响。不达标和/或不正规的房屋结构的大量集结被称为贫民窟”。

发展中国家的住房

都市空间因住房状况在大小、位置、基础服务设施和可获得性的提供程度等方面的性质和数量而截然不同。对于城市贫民而言，适宜住房的可获性是个关键问题。在发展中国家发展最迅速的城市中，住房之所以是个关键问题，完全是因为住宅单元太少。例如，巴西 1991 年有约 3 600 万个家庭，住房的短缺达到将近 600 万；在现有的住房中，超过 1 000 万个单元需要维修。据估计，发展中国家在这个十年（2000～2010）之中的每一年都需要 2 100 万个住房单元，而这个数字在下一个十年（2010～2020）中将增加到 2 500 万个才够额外的城市家庭居住（UNCHS，1999）。像在别处一样，发展越迅速的国家，其房屋短缺的比例就越高。

住房问题并不仅局限于住房缺口的绝对数量。一个更严重的问题是现有的和新住房单元的质量问题，如不达标准的住房和过度拥挤的住房。在发展中国家，有比例相当高的城市住房供应都是不达标的，用临时性材料建在非法占用的土地上，没有授权，无法获得根本的基础设施和服务。在发展中国家，有约 1/4 的城市住房供应是临时性结构，有超过 1/3 的城市住房单元是在没有遵守地方法规的情况下建造的，而发展中国家中有 13%的城市居民挤在没有安全用水的区域，有 25%的人得不到适当的卫生设施（UNCHS，1999）。过度拥挤是另一项房屋质量指标。在测算人均房屋面积时，低收入国家的城市居民所有的平均居住空间只有高收入国家的 1/6（UNCHS，2001，199）。发展中世界日趋增长的城市的住房问题的严重性，可通过印度加尔各答的“热床”系统来说明，在那里，两到三个人在 24 小时内轮流租住一间房间里的同一张床（UNCHS，1996，217）。

鉴于这些住房状况，非正规的和非法的住房在发展中国家大多数城市都很常见。对于收入有限的家庭而言，拥有自己住房的可能性微乎其微，于是包括非法的再分隔房屋和共住房屋在内的非正规住房成了可负担得起的（即使不是充足的）住房来源。通过对非正规住房的依赖，城市贫民可将成本最小化，使收入最大化。在发展中世界的许多城市，非法的再分隔房屋以及建在未经允许的居民点中的住房是城市贫民的主要住房供应源（参见“贫民窟与棚户区”条目）。共居是另一类型的非正规住房。在家庭成员、亲戚或朋友的帮助下近期抵达城市的移民通常会依靠移民网络来寻求最初的住宿和工作信息（参见“无家可归”条目）。才来的移民和城市贫民定居在不达标的、质量很差的住房内，这些住房通常位于城市边缘地带，这里通常不会提供公共水电气事业和基础设施服务（Peattie and Aldrete-Haas，1981）。非正规居民点与未经允许的居民点不是一回事。尽管住在非法居民点的所有人通常都被贴上了未经允许即住下来的人的标签，但大多数人并非未经允许即住下来的人，因为他们所占的土地得到了土地拥有者的允许或暗地里的许可。与未经允许即住下来的人不同，非正规居民点居民通常不会受到收回租房的威胁。

公共住房

尽管存在私有的房地产市场，住房还可由受政府资助的从地方到国家的各个层面上的项目来提供。这些项目利用公共基金可支持基于经济需求的租住用房的建造和/或补贴。此外，受补贴的住房不仅可以由政府来建造和经营，而且也可以由工会、合作社和住房联盟来建造和经营。但受政府资助的公共住房绝非为了营利。20 世纪 50 年代和 60 年代，在英国，建筑工业以调节经济而著称，当建筑工业每年增长 2%时，经济增长也是如此。当私人筹集基金的活动处于低迷期时，公共基金项目，尤其是住房，就会填补建筑公司的定货簿。通过这种方式，公共住房在英国受到资助，反过来，私有住房也是如此。自从 20 世纪 80 年代以来，随着英国福利状况的萎缩，住房方面的公共投资遭到大幅度的减少。

在世界各国，所提供的单元范围和公共住房项目的成功率两方面都存在极大差异。在发达经济中，公共住房的供应不再是一种政治命令。正如亚当·斯密（Adam Smith）、戴维·李嘉图（David Ricardo）和卡尔·马克思在两三个世纪前所注意到的那样，私有住房和房地产股份的增长以公共住房为代价，并得到私有资金的认购，再次肯定了资本主义在榨取地租方面的作用，并预示了福利国家消失的来临。

参考文献

Dorling, D. 2003. 'Housing Wealth and Community Health: Explanations for the Spatial Polarisation of Life Chances in Britain.' http://www. lancs. ac. uk/fss/apsocsci/hvp/projects/dorling. htm accessed 15 June 2004.

H. M. Treasury, 2004. 'Delivering Stability: Securing our Future

Housing Needs' London: Stationery Office.

'Housing Associations' www. odpm. gov. uk.

Peattie, L. and J. Aldrete-Haas, 1981. 'Marginal Settlements in Developing Countries' *Annual Review of Sociology* 7: 157～175.

'Housing Problems', www. ruralhome. org, accessed 25 June 2003.

'Substandard Housing Defined', www. rental-housing. com/rental/substandard. htm accessed 25 June 2003.

United Nations Center for Human Settlements (UNCHS), 1996. *An Urbanizing World*. Oxford, UK: Oxford University Press.

United Nations Center for Human Settlements (UNCHS), 1999. *Basic Facts on Urbanization*. Nairobi, Kenya: UNCHS Habitat.

United Nations Center for Human Settlements (UNCHS), 2001. *Cities in a Globalizing World*. London, UK: Earthscan.

移民与境内移民

城市空间一直在增长，并得到新人口持续注入的维系。从历史上看，当依赖繁荣的农业经济为生的人发现可以通过其他手段来维系自己的生活时，最常见的是与一个永久性市场所在地联系起来，城市就会得到发展。随着这些市场所在地的发展，它们也会吸引越来越多的来自周边农村土地上的人。这种人口转移类型在今日被归为“境内移民”（migration），因为它由国家边境内部的人的迁移构成。相反，“移民”（immigration）指的是人们跨越国家边境的迁移。境内移民和移民过程以许多方式构成了世界各国的城市、郊区和普遍意义上的大都市区域的命脉。

我们在此书中的一项任务是帮助定义概念，以避免术语学上的混淆。这里面再没有比有关移民的新文化研究话语所导致的术语的增殖和混淆方面更明显的了。然而，大多数作者似乎都在接受各个新术语，从而回避任何对于特殊性的需求。例如，最近，许多作者都通过文化研究话语来对移民现象重新进行概念化，其所借助的手段是引入许多新词和/或以前用于不同语境中的其他术语，如杂种性、散居、跨国民族和跨文化性。简明的意义已让位于符号学的混淆和本书中的许多专门术语（Clifford，1997：245）。举一个例子来说，“散居”（diaspora）这一概念原指朱迪亚王国犹太人在最后三次犹太战争（约 80 CE）后被罗马人彻底赶出其帝国的被迫的流散。该术语的政治性、讨伐性、强迫性维度被现在的作家们剥除干净，用于指目前任何因各种原因在一个相对较长的时间段里分散到许多不同国家的种族群体。新词“跨国的”（transnational）是另一个令人困惑的术语。很难说清楚为什么它取代了诸如移民、外来劳工、非法入境移民等等较为传统的和特殊的概念的使用。去疆域化和再疆域化的概念以及那些与各种不同类型的境内移民和移民相关的概念要更加清晰，更受欢迎，至少对目前的作者们而言是如此。有关去疆域化和再疆域化，参见前文的条目。

目前，存在不同种类的移民。

劳工

在欧洲，国内劳工的可获性方面的差距迫使各国做出安排，允许工人至少是在理论上“暂时”离开自己的祖国，作为没有公民权的“外来客”定居在东道主国家。这个外来劳工系统于 20 世纪 70 年代和 80 年代为德国广泛使用，输入了成千上万的主要来自土耳其的男性劳工及其家人。在英国，来自大英帝国和英联邦的移民自 16 世纪末以来便一直是个持续的特征。在第二次世界大战刚刚结束后的时间段里，来自新联邦（印度次大陆和加勒比地区）的移民得到加速增长，因为“母国”呼吁土著居民填补他们认为属于自己名下的工作。这些移民中的大多数都寄居在伦敦及其郊区，或其他特殊部门（如纺织）的劳动力特别短缺的城市。伦敦东部出现了连续的移民潮，范围从 18 世纪逃离革命恐怖的法国胡戈诺派教徒，到 19 世纪中欧和东欧的犹太人出逃计划，紧随其后的是 20 世纪中叶的孟加拉人，他们应募来充当服装贸易中国际劳动力分工中的底层经济支柱（参见“全球城市”条目）。

在美国，外来劳工的安置一直与墨西哥及多米尼加共和国和波多黎各之类的加勒比国家有关。作为劳动力需求的结果，现在在美国居住着大量的拉丁美洲人。

尽管宣称外国劳工只具有临时性的身份，但他们对欧洲国家产生了深刻的影响。德国的民族一度相对纯一，由这个国家在大屠杀期间成为种族净化杀手的噩梦是有原因的，但现在，那里成了多元文化社会，穆斯林是其中的一部分，其种族差异相当鲜明。对于如柏林、法兰克福和汉堡这样的城市而言尤其如此，它们都拥有自己的大规模土耳其人片区。欧洲某些地区对日益增强的穆斯林政治力量的畏惧并非夸大其词。这些国家中大多数都没有宽容少数民族的悠久传统。在美国，北边直至明尼阿波利斯和芝加哥的城市都拥有相当可观的墨西哥人社区，这是由其广泛的农业行业和对未工会化的工人的需求所造成的。拉美裔目前构成了强大的且日益增强的选举基础，尽管他们的兴趣始终因选区、不同的本源国家以及党籍而有所差异。

传统移民

传统移民是那些申请永久进入其他国家的人。通常他们资源有限，所以要依靠目的地国家的朋友和亲戚的帮助。通常，正是这些联系决定着合法过程的延续，因为如果没有它们，潜在的移民就不能得到资助。其结果是，由于第一代移民储备，东道主国家里的种族社区继续增长。随着时间的推移，持续地得到新来者的补充。美国具有种族多样性的区域始终以这种方式在城市地带留下印迹。

专业人士和中产阶级经济移民

自 20 世纪 70 年代至今，美国和许多欧洲国家都允许有重大意义的移民，接受来自其他地方的具有先进技术的人。最近，这些专业人士和中产阶级移民已使传统移民黯然失色。例如，在美国，1970 年人口普查期间，出生于美国的亚洲人构成了亚裔美国人口的约 2/3。很短的时间之后，到 1980 年的人口普查时，这个比例已经反了过来，来自海外的亚洲人构成了全部亚裔美国人口的 70%以上。更为显著的是这个群体在美国构成成分中的变化。1970 年以后，相当多的移民来自印度、巴基斯坦、中国香港和韩国，而非像过去那样，主要来自中国或中国台湾地区及日本。

迈克尔·艾姆斯（Michael Ames）观察到了以下情况，这是20世纪90年代许多城市居民的典型经历：

> 在我居住的温哥华，英语现在成了学校儿童母语中的少数语言，在家说中文的儿童达44.5%，说英语的则只有31.6%，其次是越南语、旁遮普语、西班牙语和印地语。事实上，我认为粤语现在在不列颠哥伦比亚省是第二大常用语言，仅次于英语，虽然法语像英语一样是该省的官方语言。（1998：2）

加利福尼亚州也经历了类似的人口构成的突变，在那里，1990年之前，被划分为白人的人口构成了大多数。到2000年，情况已不复如此，因为拉丁裔和亚裔人口加上非洲裔美国人在总人口中略占多数。此类变化清楚地反映在城市区域，因为种族的位置经营使得文化多样性在各处都外在化了。在伦敦，据估计有300种口头语言。在美国投资银行高盛投资公司的伦敦办公室，据估计工作人员说着49种不同的第一语言。

亚洲人的去疆域化和移民给美国、加拿大、尤其是英国的城市区域带来了图表上的变化。城市中的再疆域化已经通过增加多样性经验的方式产生了新的种族飞地，或扩展了传统的飞地。新移民的位置经营以及根据双重或多重国籍来锻造共同一性的努力已极大地影响了东道主国家的文化。

对于大多数地方而言，这始自20世纪70年代的最近一次移民潮由相对受过良好教育及/或拥有重要资源的人构成，他们想在先进的国外寻找更好的机会。他们像传统移民一样，自愿来到美国。但是，与后者不同的是，他们通常会保持其出生国度的公民身份，并与之保持联系。这一过程的结果是出现了一种新移民，他们在许多地方安家置业，与不止一个国家的人和政府有着跨文化的联络。

在艾姆斯看来：

> 阿琼·阿帕杜拉（Arjun Appadurai，1990）认为，新世界秩序的引人注目的新情况是，它已变成了以前从未见过的迅速的全球互动系统，充满了不一致、差异、断离、疏远和由相聚、包容、排斥构成的电子形式……这给世界带来了一种“去疆域化”的强大新力量：全球运动、新市场、知识分子的日益散居，他们不断将新的人注入民族国家，将新的观念注入全球话语。（1998：1）

尽管声称新观念正在被体现为这一运动的结果，无疑有些言过其实，但对相对受过良好教育、拥有相对较高薪资工作的人的全球规模的移民的观察，已导致了网络通信量和新的相聚模式，再加上定期探亲访友的重要跨国旅行——所有这些特点都与过去的传统移民有很大的差别。

发展中国家与发达国家间的境内移民过程存在巨大的差异。在欧洲和美国，从农村到城市区域的移民与工业化同时发生。相反，在发展中国家，从农村地区来的移民在城市区域无就业岗位的情况也会发生。之所以如此，是因为在发展中国家，人们的迁移根据的是预期收入而非实际收入，而且因为农村地区太过贫穷。这是一种“碰运气”。一个农民工只要预期自己会得到比其在农村收入高的城市平均收入，尽管会有失业的时间段，他/她也会移民。这种移民的解决之道是保持农村地区的资源，并进一步开发它们。

发展中国家从农村到城市的移民常常被视为一种问题——农村的贫穷和缺乏就业岗位导致人们快速而不协调地流向无法吸收新来者的大城市，从而导致了贫民窟和城市贫民的增加。其结果是犯罪的增加、不达标的住房、拥挤、疾病、污染、家庭纽带的松散、传统文化价值观的丢失。在发展中国家，人们从农村地区迁往城市地区的最常见理由是：家庭需求、求学、找工作。在绝对数量上家庭是最常见的，这只是因为，一家之主往往会先动，然后其他亲属会亦步亦趋。通过这种机制，整个家族群体离开了发展中国家农村地区的传统村庄，其结果只能是被城市的棚户区所吞没（参见“贫民窟与棚户区”条目）。不过，并非所有走向城市的移民都如出一辙。不同群体有适应城市的不同应对策略，所以移民的城市经验具有多样性。群体应对工作、住房和他们所面临的社会困境的方式各种各样。此外，移民不是非得在完全同化还是对一种存续的种族或民族定位略加变化之间作出选择，对移民来说在位于两个极端之间，展现了多种多样的选择。

对于研究从农村到城市区域和/或从发展中国家到发达国家移民的研究者而言，分析的基本单位是家庭而非单一的个体。也就是说，在这些案例中，跨越空间的迁移是个家庭事件，但无论是男是女，一家之主会先行抵达。

参考文献

Ames，M. 1998. ‘Museums and the Culture of Uprootedness’ Unpublished paper，University of British Columbia.

Appadurai，A. 1990. ‘Disjuncture and Difference in the Global Culture Economy’ *Public Culture* 2(2)：1～24.

Clifford，J. 1997. *Routes*：*Travel and Translation in the Late Twentieth Century*. Cambridge，MA：Harvard University Press.

不平等与贫困

不平等（inequality）与贫困（poverty）不是一回事。前者通常是由对比比率来测量的相对状况，如基尼系数（Gini coefficient），或不那么常用的泰尔—L 系数（Theil-L coefficient）。这些系数与居住在同一城市或区域的人所获取的低水平收入高度相关。诚然，贫困也可以有其相对的组成部分，但它是种绝对状况，表现为各种社会指数都不充足，如健康不佳、卫生状况差、营养不良、产前护理不到位，影响同样深远的是，受限于缺少在将来改善现有状况的机会。

不平等

不平等在城市十分典型。弗里德里希·恩格斯在访问英格兰工业城市时注意到 19 世纪 50 年代贫富间的悬殊对比，而 19 世纪的一些小说家，如查尔斯·狄更斯，其在维多利亚时代的著作中也作了同样的观察。芝加哥学派的早期研究者，如 20 世纪 20 年代的哈维·佐尔博（Harvey Zorbaugh），将这种差异称为“黄金海岸与贫民窟”（有关恩格斯及其他早期著作的讨论参见“不均衡发展”条目）。实际上，不平等集中体现在安康生活的空间差异中。不大富裕的贫民窟居民也许过得下去，但在大多数城市，只要走上一小段路，来到较富裕的人居住的地方，对照马上就会鲜明生动起来。有所区别的是，贫困既是城市中的现象，但在农村也毫不逊色。事实上，从世界范围来看，农村地区的贫困状况比城市更为严重。这种空间差异在历史上要归因于城市化本质上的人口统计学构成元素，也就是说，人们为了寻求更美好的生活而从农村迁往城市的活动。

"全球城市"条目讨论了为什么萨森（1991）的"社会两极分化"命题——使城市简化为两类人口，一类越来越富裕，另一类陷入低水平服务工作的泥潭——是错误的。进一步的证据来自威廉斯和温德班克（Williams and Windebank，1995）所作的一项英国研究，他们断定，萨森的观点仅仅聚焦于个体，而忽略了接近职业结构变化中的更为相关的方式。他们认为，将在城市挣工资的人放在家庭语境中去看待更能说明问题。采取了整体经济视角的英国数据表明，自从20世纪80年代以来，就业活动中出现了急剧变化，只有一个人（通常是男性）外出挣钱的家庭数量有了根本性的下降。"男人挣钱养家、女人相夫教子的老套家庭模式遭遇了严重衰退"，降至不到25%。虽然许多个体都属于经历了这一过程的家庭，要么渐趋富裕要么日益贫困，但大多数人都属于有两个或更多的人挣工资的家庭。因此，经常被人挂在口头的两极分化并不存在。但是，在只有一个人挣钱和有多个人挣钱的家庭之间，存在着越来越严重的不平等。后者正成为更富裕的社会单元。

在英国，政策制定者正越来越多地将注意力集中在那些"工作致富"和"工作致贫"的家庭。尼克·巴克（Nick Buck）指出了六个构成英国不平等之基础的主题：与劳动力市场报酬相比较的国家福利的变化，不同职业群体收入增长的不同比率，家庭构成中的变化，失业程度中的变化，已婚妇女外出工作挣钱的增加，制造业和服务行业就业变化中的平衡（Buck，1991）。

通过将家庭而非就业场所调整为首要的分析单元，社会空间极化的过程就不再被描绘为核心与边缘工作间日益增加的区分，而是被描绘为两类家庭间的日益分化：新兴的"工作家庭"不仅有多个赚钱者，而且干的是较不正规的工作，特别是自主类的工作；"不再工作"的家庭群体遭到就业市场的排斥，不能参与到日益缓和的环境所带来的非正规行业中去。因此，所谓的边缘或边缘化工作的业余或其他形式不能自动地与剥夺联系在一起，正如个体就业途径经常显示的那样。

很明显，在中心城市，活跃的社会领域不止两种。近期的移民、小业主以及持续分割的中产阶级构成了城市区域的居民。不过，日益增长的财富和为相对富裕的人所追求的贪得无厌的高端消费生活方式确实造成了这样的印象：在大城市中的富人与穷人间存在着一分为二的城市地带。在全球各地，不平等的差距也在加大。如拉丁美洲和非洲这类区域的城市地区已经展现了这种两重性。但是，最近，随着东欧共产主义制度的衰败，不平等以一种报复形式出现在前苏联社会之中。当中国于 20 世纪 80 年代实施改革时，其社会结构也形成了一道不平等的缝隙。总之，实际上现在没有一个城市地区不在经历着贫富差距的增大。

美国的研究者们最近完成了一项有关不平等的四个城市的研究，它证实，在减轻种族和收入隔离方面少有进展，甚至毫无进展（“城市不平等的多元研究”［Multi-Study of Urban Inequality］）。对亚特兰大、波士顿、底特律和洛杉矶在 1992～1994 年这一时期的分析聚焦于“变化中的市场动态、种族态度及种族隔离如何单独地和共同地行动，从而促成了当代城市的不平等”。最令人震惊的是，在非洲裔美国人和不大富裕的人的空间隔离中所观察到的模式早在 20 世纪 90 年代以前就已经得到证实。实际上，这项最近期的研究努力证实，20 世纪 90 年代美国城市的经济繁荣和“变化中的市场动态”对隔离的影响微乎其微。

不平等体现在住宅隔离之中（参见“少数民族聚居区与种族隔离”条目），而住宅隔离反过来又体现在全体学校儿童在教育表现方面的巨大差异之中。城区学校系统因市中心地区的穷人和少数民族学生的集中而问题重重（参见“教育与劳动力再生产”条目）。平均而言，在大都会区域的所有学生中，白人学生在小学标准测试中的成绩要比黑人、拉美人和土著美国人高出 20%。虽然过去的注意力一直放在隔离对黑人学生的影响方面，但现在显而易见的是，拉丁裔学生因不平等和隔离所造成的劣势甚至更为严重。自1990年以来的数据显示，拉美社群的辍学率最高。这些数据表明，某种比单一语言障碍的影响更严重的问题正在持续——在可资比较的条件下，亚洲学生并未展现出异常的辍学率。实际上，许多拉美人的空间隔离导致了其儿童无法获得足够的教育，进而，这些儿童反过来重蹈了其父母所处的边缘性经济地位的覆辙。

如果将多中心大都会区域当作一个整体来看，则城市与郊区之间存在着显而易见的不平等差异。通过从市中心搬至郊区，当这种变化产生影响时，儿童的生活机会将得到改善。因为郊区可负担住房的可获性十分有限，所以这种种变化通常无法实现。美国城市与郊区间的空间差异可以总结为以下对比：

郊　区	城　市
同质的白人较多 同质的中产阶级较多 住宅较多 人口较年轻 零售业、商业和工业较多 较富裕	属于大多数的少数族较多 贫富差异对照鲜明 旅游业较兴盛 老龄人口集中 更加高端的精品商店、银行业和专业服务 穷人数量极多

在一个区域范围内相对富裕和较为贫穷人之间的这种差别，不是欧洲大都会区域的典型特征，尽管那里也存在不平等（Jargowsky，1997）。更确切地说，因为许多城市的历史性质，欧洲的情况要更为复杂。因此，定居模式意味着贫穷区域紧挨着富裕区域。住房、教育和医疗卫生方面的差异，像文化和种族差异一样，维系了两个邻近区域间的不平等。例如，现在入驻巴黎大都会区域的圣丹尼斯传统制造业街区的是高科技服务公司和专业人士，他们与来自北非的阿尔及利亚和摩洛哥的贫穷的移民社区比邻而居，后者的年轻人大都没有工作，因而与主流的世俗社会十分疏离（Body-Gendrot，2000）。

贫困

与不平等这一相对概念不同，贫困可以直接用社会安康指数来加以测量。贫困并非只是贫穷国家的问题；人们发现，它在最富裕社会中的比率也极高。自从20世纪80年代以来，世界各地居于贫困状态人的数量已有所增多。在美国，人口普查根据一个四口之家的年均收入来定义贫困水平。2002年，人口普查将贫困定义为年收入低于或等于17 463美元。用这个标准来衡量，有超过12%的美国人被视为生活在贫困中（'Housing Problems' www. ruralhomes. org2003）。联合国对生活在发展中国家人的贫困水平的定义是，每人每天的收入为1美元或2美元。在2001年，大约12亿人生活在每天收入不到1美元的状况中，也就是说，占全球人口约20%的（与美国的程度相当），将近30亿人，即世界的一半人口，生活在每天收入2美元及以下的水平。

贫困既见于城市，也见于乡村。当它在空间上表达为深受贫困之苦的人在特定地方的集中时，就会变成一个大都会的问题。人口普查对贫穷邻里街区的定义是，有40%以上的人生活在贫困线及以下的区域。正如贾尔果夫斯基（Jargowsky）注意到的：

> 穷人，尤其是少数民族，正越来越被隔绝在人口有所减少的城区荒地。此类邻里街区展现出严重的经济困难信号，包括闲置的和坍塌了的住房单元、高水平的失业率、高比率的单亲父母、黑帮和暴力问题，以及普遍的吸毒和酗酒。(1997：143)

在英国，不平等与贫困之间的关联由医疗卫生造成（Davey-Smith et al. 2002）。道林（Dorling）说：

> 导致了收入日益不平等和贫困的政策对道德的两极分化起到

> 了推波助澜之功。医疗卫生机会地理上的两极分化是由就业机会、以及根据收入及生活标准来衡量的生活机会的两极分化所促成。现在，医疗卫生的差异显示为，在1994年至1997年期间，如果将人口中最不贫穷的人的十分位数的死亡率放在全国范围来看，英国24%的15～64岁的人的死亡就不会发生；全部死亡人数中有近1/4现在都可归因于不利的社会经济环境。(2004)

毫无疑问，黑帮、毒品和酗酒问题，甚至于未成年人成为单身父母的问题，也存在于郊区。但是，辨别当代城市社会中的贫困，是它在城市景观中极度衰退和孤立的小块地方的高度集中。在1970年至1990年间，生活在贫穷的邻里街区的人集中度从12.4%增加到了17.9%（Jargowsky，1997）。“少数群体的贫困集中度要高得多。例如，33.5%的黑人穷人和22.1%的拉丁裔穷人在1990年生活在高度贫困的邻里街区，而白人的这一比例是6.3%（Jargowsky，1997：143）。”少数民族与贫困状态之间的交叉联系对于美国城市而言相当鲜明，而且最令人困扰。自20世纪70年代以来，在全国的中心城市内，从种族和收入方面看，存在着一种日益严重的隔绝模式。例如，在1970年至1990年间，被划分为生活在贫困中的底特律黑人的百分比从11.3%增加到了54%。纽约城经历的增长率为27%，芝加哥为21.4%，匹兹堡为21.7%。贫穷的拉丁人集中度也在大型中心城市有所增加。1970年至1990年间，其在纽约的增幅为18.8%，费城为48.4%，底特律为33.8%。根据英国政府的统计，几近1/4的人（大约1 300万人）生活在贫困之中。这个数字包括近1/3的儿童，约400万人（Department of Work and Pensions，2002）。与欧洲其他各国相比，英国并不成功。超过15%的英国人口包括在人类贫困指数之内，与之相比，德国为10.4%，法国为11.1%（United Nations，2000）。人类贫困指数的测量标准为：

- 生活在国民中等收入的50%以下的人的比率（德国：5.9%，法

国：8.6%，英国：8.9%）

·寿命不超过60岁的人的百分比（德国：10.5%，法国：11.1%，英国：9.6%）

·被划分为功能性文盲的16～65岁的人的百分比（德国：14.4%，英国：21.6%）

·劳动力大军中长期失业者的百分比（德国：4.9%，法国：5.2%，英国：2.1%）

中心城市里贫困集中度的这种大幅度的和令人不安的增加是几种因素的结果，这些因素包括白人向郊区的迁移、贫穷的境内和境外移民的流入、经济向更倾向于专业性工作的转变以及对蓝领制造业的远离。穷人和通常是少数民族的人口在大都会区域中集中于空间上被孤立的地带，被视为一个严重的社会问题。威廉·J. 威尔逊（William J. Wilson，1987）呼吁人们关注“病理性混乱”（tangle of pathology）以及这种隔离所造成的社会问题的再现。正如在“少数民族聚居区与种族隔离”条目中所指出的，当有限的资源使人们无法打破其经济和社会束缚时，少数民族和穷人的集中就会随着时间而再次出现。由于社会未能克服这种空间隔离，贫困不仅永远存在，而且似乎日益严重。

正当全球各地城市区域的人口持续增加时，发展中国家的贫困也与日俱增。不仅发展中国家的城市正在变得越来越大，而且伴随着这种发展，生活在城市中的穷人的绝对数量也在增长。可资比较的贫困测量数据可由生活质量指数获得，包括充足住房的可获性、卫生保健、适于饮用的水以及婴儿死亡率和人口发病率的水平。根据联合国的一项研究，1980年至1993年间，对于大多数发展中国家而言，生活在城市中穷人的百分比都有所增加。一些例子包括：加纳——从23.7%增加至28.3%；中国——从6.0%增加至10.8%；印度——从19.3%增加至23.3%；巴基斯坦——从23.7%增加至28.6%；哥伦比亚——从35.8%增加至37.4%。在所有国家中，位于南美和非洲国家的城市贫困程度最高。进一步而言，正如美国的案例一样，20世纪80年代和

90年代的快速经济增长对于韩国和印度尼西亚这样的地方来说，并未转化为生活在贫困中人口的总体百分比的下降。此外，随着东欧国家的去共产主义化以及中国经济具有了更多的资本特征，生活在贫困中人的百分比也有所增加，在某些案例中，还十分惊人。例如，根据联合国的统计，生活在每天收入少于2美元生活状态中的东欧人的百分比从1987年的3.6%增加到了1998年的20.7%（World Bank，2000）。

正如我们已经讨论过的，贫困分析家们对贫困在中心城市的集中程度感到惊惧。其他维度的贫困同样令人不安。女性当家的家庭的贫穷程度之高表明了世界范围的“贫困女性化”。在发展中国家的许多城市里，作为这一过程的结果，家庭破裂，遭到遗弃的儿童过着浪迹街头的生活。妇女无力招架养家和糊口的双重负担。在美国，自20世纪80年代以来，生活在贫困中的女性当家的家庭的增加，反映在儿童自我改善适当机会的降低中，以及积极的男性角色榜样的缺失中（参见Wilson，1987）。总之，使城市贫困持续存在成为这样一种令全社会都为之感到紧迫的问题的，正是贫穷状况的社会方面——尤其是家庭的缺憾、贫穷的邻里街区、恶化的环境以及有限的社会进步机会，这些方面加重了福利欠缺的绝对指数，如高比例的婴儿死亡率、落后的卫生保健、营养不良、安身之处的短缺等等。

种族隔离与贫困

有关贫困在美国大城市中日益集中的主要原因存在争议。一些研究者将之归咎于种族隔离（Massey and Denton，1993），而另一些则坚持认为，上个十年的社会和结构转型扮演了重要角色（Wilson，1987）。后一种观点的支持者虽然强调社会和结构的转型，但并不否认种族隔离对贫困集中度的有害影响（参见如Jargowsky，1997）。在美国，大型大都会区域中的城市贫民被日益隔离在高度贫困的邻里街区，这些地方也越来越按照种族界线来加以划分。一项近期的研究显示，生活在那些通常被打上少数民族聚居区（以非洲裔美国人为主）、西语区（以拉美裔美国人为主）和贫民窟（混合人群或白人）标签的、在种族上遭到隔离的、高度贫困的邻里街区的城市贫民的数量在最近数十年中也翻了一番，从20世纪70年代的410万人增加到了1990年的800万人（Jargowsky，1997）。

就英国而言，约瑟夫·朗特里基金会（Joseph Rowntree Foundation）报告说：

> 每个种族群体中的"贫穷"家庭的比例为：16%的白人家庭是低收入家庭……所有少数民族群体的比例都要更高，但加勒比人（20%）和印度人（22%）的差距相当小。华人（28%）和非洲人（31%）的贫穷程度更为严重，尽管在华人的案例中，富裕家庭的比例也要高于其他群体。更详细的新数据证实了此前调查的估计：巴基斯坦和孟加拉家庭比白人家庭"穷"的可能性高达四倍。巴基斯坦人和孟加拉人比任何其他种族群体都贫穷的可能性要高出许多。毫不令人惊讶的是，低收入在工作的家庭中很少见，在领退休金的家庭中更常见，在达不到领养老金年龄的无工作家庭中也更为常见。这在所有种族群体中都是如此。但种族之间的差异为这样一个事实所强调：贫困在巴基斯坦和孟加拉工作家庭（50%）中比在白人无工作、无退休金家庭（43%）中更常见。（Joseph Rowntree Foundation，1998）

城市少数民族极易受到在全球经济压力之下发生的城市经济结构转变的伤害。在去工业化和再工业化的过程中，城市劳动力市场已日益两极分化为低技能和技能要求越来越高的两个部分。包括工厂关闭和制造业重新部署在内的去工业化已破坏了低技能的蓝领工作，这类工作在传统上是城市少数民族的主要生计来源；相反，大城市中的高科技的、以知识为基础的工业的增长，为具有教育凭证的技术工人创造了工作机会。作为城市经济基础变化的结果，城市少数民族已越来越多地转向低薪服务行业。

此外，经济重构还伴随着工作空间组织中的变化。在美国，住宅空间自 20 世纪 50 年代以来的重构以普遍的分散过程为特征（参见“多中心大都会区域”条目，Gottdiener and Hutchinson，2000，Chapter 5）。分散是工厂、工作和劳动力在整个空间普遍的均匀化。在去中心化和再中心化这两种独特社会空间力量的驱动下，分散已导致了空间的分化和破裂。鉴于其指挥和控制功能，金融和其他特殊化的生产性服务业往往会留在大城市的中心（部分是因为聚集经济的优势），而生产、商业活动和其他行业功能则疏散到了整个空间。工作的郊区化——也就是说，工作从城市迁往郊区——是向边界分散过程的一部分。在以郊区定位的就业和在市中心居住的少数民族之间，这种就业机会的空间再分配造成了日益加重的不匹配。如果像在大多数美国城市中那样，公共交通的范围和服务都十分有限，那么市中心的穷人便与这些郊区的工作机会隔绝开来。贫乏的区域性公共交通加上就业的分散，减少了生活在贫困市中心邻里街区的城市少数民族寻找工作机会的可能性。

所有欧洲城市已经历了类似的经济和社会向郊区转移的过程，这与收入和财富的增加有关，但也与日益严重的不平等有关。然而，欧洲的情况要更为复杂，因为欧洲不是单一的社会经济或政治实体，它的国家拥有不同的城市再集中程度。这种再集中也起到了一种不平等的作用，因为年轻的专业人士和在婴儿潮中出生的人占据了一些城市中新近中产阶级化了的城市区域的最佳住宅（www. jrf. org. uk Joseph Rowntree Foundation，1988）。

市中心的社会—人口统计学的转变是又一个涉及美国大城市贫困集中度的重要结构因素。一方面，去工业化和分散塑造了城市劳动力市场和就业机会的轮廓，另一方面，社会—人口统计学的转变也带来了城市阶级结构中的变化。白人向郊区的迁移显然是这个变化中的阶层结构的重要阶段，是住宅隔离的结晶。更为重要的是高收入黑人和其他少数民族大规模搬出市中心邻里街区的移民。社会缓冲区和较不富裕人群的榜样，随着这种有选择性的外迁一起离去了。留在贫穷的市中心邻里街区的居民是“真正的弱势群体”（Wilson，1987），他们与主流社会越来越隔离。

许多研究已经记录了生活在贫困压倒一切的邻里街区的破坏性影响（有关这一问题的回顾，参见 Small and Newman，2001）。有害的“邻里街区效应”或“集中效应”是多种多样的和影响深远的，包括高质量学校的缺乏、传统榜样的剥夺、获取工作和工作网络能力的缺失以及犯罪和受害的高风险。毫无疑问，种族隔离与贫困的日益集中结合在了一起。这些邻里街区效应与日益加重的邻里街区贫困和社会隔离相平行，在美国的许多城市，它们对生活机会的影响随着时间的推移变得越来越严重（Massey and Denton，1993）。

穷人与家庭应对策略

这一现象与非正规经济密不可分（参见下一条目）。

一些城市学家认为，作为社会分析基本单元的应当是家庭群组而非个体。通常情况下，属于两个或更多的人构成家庭的人的行为方式会促进所在群组普遍的经济安康，而不是个体的进步提升。这正是罗伯茨（Roberts，1991）的论点，例如他还声称，有关劳动力的家庭分工的研究表明，在所有地方，群体都是城市分析的基本单元，而不是在该论点最为明显、最有说服力的第三世界。研究已发现，并非所有家庭成员都是近亲。家庭有可能包括远亲甚至朋友。资源的集体联营不会消除成员间的不同，如男人与女人间的冲突。

在贫困研究方面，家庭应对策略显示，穷人不会被动地接受自己的状况。他们会变革和寻找供养自己的方式。他们有可能致力于“自给自足”，这其中包括食品的室内加工和生产、缝制衣服、从事维修工作、修建非法住房或附加部分。应对策略与非正规经济密切相关，也许还包括性交易、贩毒和乞讨（参见下一条目）。家庭应对，作为城市区域集中贫困状况的一种手段，与通常强调独立个体相比较，是理解此类反应更好的方式。(Williams and Windebank，1995)。

参考文献

Body-Gendrot，S. 2000. 'Marginalisation and Political Responses in the French Context' in P. Hamel，H. Lustiger-Thaler and M. Mayer (eds) *Urban Movements in a Globalizing World*. London：Routledge. pp. 59～78.

Buck，N. 1991. 'Social Polarisation，Economic Re-structuring and Labour Market Change in London and New York' in M. Cross and G. Payne (eds) *Social Inequality and The Enterprise Culture*. London：The Falmer Press. pp. 79～101.

Davey-Smith，G.，D. Dorling，R. Mitchel，et. al.，2002. 'Health Inequalities in Britain：Continuing Increases up to the End of the 20th Century' *Journal of Epidemiology and Community Health* 56：434～435.

Department for Work and Pensions，2002. *Households Below Average Income 1994/1995 to 2000/2001*，Corporate Document Services. London：Stationery Office.

Dorling，D. 2004. 'Housing Wealth and Community Health：Explanations for the Spatial Polarisation of Life Chances in Britain' http：//www.lancs.ac.uk/fss/apsocsci/hvp/projects/dorling.htm accessed 15 June 2004.

Gottdiener，M. and R. Hutchison 2000. *The New Urban Sociology*，*2nd Edition*. NY：McGraw-Hill.

'*Housing Problems*' 2003 www. rural. home. org, accessed 25 June 2003.

Jargowsky, P. 1997. *Poverty and Place: Ghettos, Barrios and the American City*. NY: Russell Sage Foundation.

Massey, D. and N. Denton 1993. *American Apartheid*. Cambridge, MA: Harvard University Press.

Roberts, B. 1991. 'Household Coping Strategies and Urban Poverty in Comparative Perspective' in M. Gottdiener and C. Pickvance (eds) *Urban Life in Transition*. Newbury Park, CA: Sage Publications. pp. 135~168.

Joseph Rowntree Foundation, 1998. 'The Incomes of Ethnic Minorities', *Findings*. (November). London: Joseph Rowntree Foundation http: //www. jrf. org. uk/knowledge/findings/socialpolicy/pdf/sprn48. pdf accessed 15 June 2004.

Sassen, S. 1991. *Global Cities*. Princeton, NJ: Princeton University Press.

Small, M. and K. Newman 2001. 'Urban Poverty After the Truly Disadvantaged' *Annual Review of Sociology* 27: 23~45.

Williams, C. and J. Windebank 1995. 'Social Polarization of Households in Contemporary Britain' *Regional Studies*, 29 (8): 727~732.

United Nations. 2000. *Human Development Report* 2000. UNDP, New York.

Wilson, W. 1987. *The Truly Disadvantaged: The Inner City, the Underclass, and Public Policy*. Chicago: University of Chicago Press.

World Bank. 2000. *World Development Report* 1999/2000. NY: Oxford University Press.

非正规经济

非正规经济（the informal economy）的定义是：城市化区域内的“不在册”工人、在由无工会和无正式文件的劳工构成的不规范的工厂中生产的商品、用于物物（即不用现金，而是用实物）生产和交换的商品和服务以及在街头不合规章地售卖的商品和服务的组合。在某些国家，非正规经济的规模是如此巨大，以致可与正规行业的金钱交易相匹敌。

直到最近，城市化区域里的非正规经济的存在才被当作具有自身权利的重要分析对象得到承认。在得到承认之前，人们只从经济剥夺的单一角度去评价由它们构成的贫穷的少数民族聚居区域。现在，我们认识到，在许多案例中，被排除在社会正规机会之外的区域的居民却会致力于挣钱养家的事宜，在某些情况下，还会获得可观的收入。也许非正规经济最鲜活的例子是毒品交易，它会在一年内累积数十亿美元的收入，虽然非法，在经济上却是有利可图的交易。其他例子延及半合法的活动，包括付钱给“不在册”的人，从事一些合法的业务活动，如家庭佣人和/或保姆之类，雇佣时未购买正规保险或没有社会保障，或者就是在合法行业（如餐馆或工厂等）使用了无合法证明的工人从事劳动。

非正规经济问题尤其是第三世界城市化研究的重要焦点。在全球重构扩展至不发达国家并带来了高薪的专业服务时，被吸引到大城市的穷人会寻找非正规的和临时性的工作，如擦鞋匠、信差、投递员和家庭帮佣等，外加餐馆的兴旺需求和其他商业劳务人员。在一些新兴的发展中国家，如马来西亚，非法工厂制造假的时尚设计物品，如假Gucci或Louis Vuitton产品，还有一些制造仿冒的劳力士等如果以合法途径购买将十分昂贵的手表。大多数情况下，这些工作既不安全也无保险，但它们向人们提供了使之离开农村的家并迁往第三世界大城市的诱因。

尽管非正规行业的参与者未被纳入生产和交换的资本主义关系之下，但在全国或全球规模上，它们却与正规经济密切相关（Portes and Schauffler，1993）。在发达国家和发展中国家，非正规行业都通过合同转包网络和商品链与国家和全球经济的正规行业联系在了一起。例如，街头小贩出售从正规行业获得的如香烟以及其他有商标的产品；收废品的人通过购买垃圾的基础设施与正规行业挂上了钩；非法的娼妓通常是旅游经济极为重要的特征之一。在世界各地，正规的业务公司通过使用在家工作的人、血汗工厂和其他缺少正规工作福利或保障的非正规行业中的工人来削减劳动力成本。

从事非正规行业是城市贫民应对不充足的就业门路的生存策略。从这个意义上说，不管我们讨论的是发达国家还是不发达国家，非正规行业都是“免于极端贫困的避难所”（Portes and Sassen-Koob，1987：36）。不可否认，许多城市非正规行业参与者的经济地位都处于边缘。然而，就“不在册”的或非法的制造企业来说，非正规经济代表的绝不仅仅是穷人的生存机制。此类行业中的创业者在面对业务时具有足够的适应性和弹性，可以使之发展到相当的规模和范围。通常说来，非正规经济之所以能够成为国家经济一个非常重要的（只要是半合法的）构成元素，其原因有这样几个：它以低廉的价格提供商品和服务；它在产业后备军贮备中起到了重要的作用，可压制城市经济中正规行业的薪金；最后，非正规经济行业给居住在城市的移民和土著提供了渠道，使之可以获得积累财富所需的社会流动性和机会。结果是，非正规行业中的工作与贫穷之间不存在简单的关联，此类行业的存在与国家的相对富裕或国家发展水平之间也不存在简单的关联。

所以，许多功能都是由此行业提供给社会的，所以它遍地开花。不过，最为重要的是，我们可以说，非正规经济位于大城市，所以，它是种“都市”现象，尽管并非绝对如此。

由于非正规行业难以捉摸的性质，所以其确切量级难以评估。但是，人们普遍赞同的是，非正规行业代表了一种比例越来越大的经济活动，尤其是在不发达国家。在区域之间及区域内部的非正规就业的水准存在巨大差异。它在撒哈拉沙漠以南非洲的城市区域占有的劳动力达50%有余，在拉丁美洲和加勒比地区这一比例是30%。在撒哈拉沙漠以南非洲内部，非正规行业就业在全部就业中所占的百分比为：南非17%，赞比亚则超过了80%（ILO，2002：241）。

一项针对九个不同的发展中国家城市所作的研究估计，至少40%的劳动力与此种经济有交涉。在发达国家，这个数字较低，但在许多案例中只是略低一些而已。根据世界银行2002年的研究，工人的比例超过了30%，其生产力可与正规经济中的劳动力相提并论。进一步看，世界银行发现，在欧洲的发达国家中，那些劳工条例最多、税赋最高的国家，也拥有最多的非正规工人。即使在发达经济中，也存在对非正规经济规模的大范围评估。从英国和美国国民收入的5%～10%，到意大利的30%和俄国的50%（*The Economist* 2004）。戈登和萨森利用就业和人口数据声称，与纽约相比，非正规经济在伦敦经济中所占比例要小得多（Gordon and Sassen，1992）。然而，鉴于伦敦是座全球城市，是座都城，是要钱的度假胜地，是金融和商业中心，还是个制造业区域，所以人们可以预期，这一数字要高得多（Hebbert，1998）。

中欧和东欧共产主义制度的衰落，这些国家中的许多都加入了欧盟，再加上地缘政治在巴尔干半岛国家、中东和非洲的退出，所有这一切共同导致了合法的和非法的移民出人意料地蜂拥流入英国及其他西欧国家，如意大利、德国、法国和西班牙等。这些人中有许多始终都是在非正规经济中工作。在英国，难民往往集中在伦敦和英格兰东南部。实际上，戈登较近期的著作指出了伦敦经济中的商业服务工作的增加（Buck et al.，2003）。对正规商业服务的需求引发了更大的需求，这就是支撑着这一行业的廉价的、通常是非法的劳动力。进一步而言，在欧洲的许多城市，建筑业在过去几十年以蓬勃之势走向繁荣。建筑业一向是非正规就业的可靠行业，它尤其倾向于使用移民劳工。移民和非法难民仍然始终如一地在农业中寻找工作。因而，对西欧的“不在册”工人的估计似乎有些低了。

在发展中国家，相较于男人来说，非正规行业是女人更大的就业资源。研究显示，在发展中国家，大多数积极从事经济活动的妇女都在非正规经济中。官方数据往往会低估女性劳动力在非正规行业中的规模，因为许多妇女的有偿工作——且不说无偿的家务劳动——都是无形的，因而未被算在官方统计之中。非正规行业也吸引了许多童工。生活在发展中国家的年龄在5～14岁的童工数量据估计至少有2.5亿（UNICEF，2001）。他们中的大多数都在非正规行业劳作，在种植园、血汗工厂、富裕家庭或街头干着形形色色的工作。对在拥挤的城市中这种悲惨工作条件下的儿童的剥削是个全球关注的问题。尤其是在街头工作和生活的儿童，是城市贫困的最显著表现。

非正规行业在大城市的激增要归因于由以下原因所导致的劳动力的超量供应：农村至城市的移民；经济的过度管制；包括组织和生产变化在内的经济重构的结构转型（Portes and Schauffler，1993）。例如，在美国，紧接着日益强劲的全球竞争出现的经济重构过程与非正规行业的激增联袂而至，尤其是在大城市。福利政策的解除、州营企业的私有化、有组织的劳工力量的衰落都促成了美国、英国和其他欧洲国家中的劳动力市场和劳工活动的转型。研究这一世界规模现象的人声称，使用“不在册”和不受管理的劳动力的诱因在世界各地始终都有很强的吸引力。这些诱因常常迫使流动的工人、新移民和边缘人口终身做苦工，因为富裕家庭会从工作致贫家庭购买低薪的个人服务、清扫和看孩子等。在欧洲的大多数城市，这些工作致贫家庭的典型特征是单亲家庭、种族划分、低于平均水平的或不达标的住房以及有限的教育机会。工作的穷人也被封闭在非正规的债务文化之中，其间，不道德的借贷者以过高的利息将钱借给还不起钱的人。著名的前伦敦市市长迪克·惠廷顿（Dick Whittington）来到伦敦，要使自己在城市里的财富“以金铺地”。几个世纪过去了，许多步他后尘的人发现，自己只能在非正规经济中找寻机会，却无力打破它的桎梏。这些限制包括遭到犯罪团伙的盘剥，通常是从自己社群中产生的。

这些非正规经济的一种方式是在日常生活层面由家庭加以组织。这部分的经济不是由个体行业构成，而最好将之理解为由家庭构成，在高度受限的环境中共享合作资源。在发展中国家，加在人们身上的限制也许是劳动力和移民管束或种族歧视的结果，而在世界的发展中地区，从乡村到城市的移民面临着令人沮丧的任务：获取足够的资源以熬过自己的过渡期。在所有情况下，这些“家庭应对策略”都是城市生活的重要现象。研究家庭而非个人还使研究者可更清楚地了解人们是如何应对有限的生活机会的。有关家庭应对策略的更多信息请参见“不平等与贫困”条目。

地下经济的社会问题

非正规经济所涉及的活动也许不仅仅因使用无文件证明的工人或其黑市性质而属非法，而且也有可能涉及到切切实实的犯罪行为。非正规经济中的非法活动包括毒品交易、偷渡人口、洗钱、赌博和卖淫。由于这个原因，地下行业的存在也许会构成严重的社会问题，威胁到更大的社会安康。当犯罪活动出现时，它们的影响是普遍的，并会令他人感到不安。于是社会面临着大量强烈的动机，要监督甚至干预非正规经济。与此同时，因为服务业和建筑业又是如此严重依赖合法的和不合法的移民劳动力来填补低薪职位，所以非正规经济又会在西欧的发达国家和美国茁壮成长。

参考文献

Buck, N. , I. Gordon, P. Hall, M. Harloe, and M. Kelinma 2002. *Working Capital: Life and Labour in Contemporary London*. London: Routledge.

Gordon, I. and S. Sassen, 1992. 'Restructuring the urban labour markets' in S. Fainstein, I. Gordon, and M. Harloe (eds) *Divide Cities: New York and London in the Contemporary World*. Oxford: Blackwell.

Hebbert, M. 1998. *London*. Chichester: John Wiley.

International Labour Office (ILO). 2002. *Key Indicators of the Labour Market* 2001～2002. New York: Routledge.

Portes, A. and S. Sassen-Koob 1987. 'Making it Underground: Comparative Material on the Informal Sector in Western Market Economies' *American Journal of Sociology*, 93: 30～61.

Portes, A. and R. Schauffler 1993. 'Competing Perspectives on the Latin American Informal Sector' *Population and Development Review*, 19 (1): 33～60.

United Nations Children's Fund UNICEF. 2001. *Beyond Child Labour, Affirming Rights*. New York: UNICEF.

男性空间

我们现成环境中的空间被性别化了（参见“女性空间”条目）。可被赋予“男性空间”（masculine space）特征的空间促进了以男性为基础的活动和力量的表达。性别化了的空间由社会的物质及非物质方面所生产，展现了对一个或另一个性别的偏见。物质环境的各个方面，如在一家体育酒吧中的与男性相联系的主题，都会对按照主宰性别的使用来定义空间的做法推波助澜。在同一空间中为社会所接受的行为，或者不会轻易根据性别得到认可的行为，构成了有助于定义主宰性别使用的非物质的社会活动。这两个方面合起来与创造“性别化空间”的社会活动密切相关。

男性空间是这样的地方：从传统上看，在此聚集的男人通常要多于女人，从力量的部署来看，男性在此处于明显的优势。酒吧像体育馆一样是绝佳的例子，尽管像餐馆这样男女会表现出典型的主导/服从社会角色的地方也十分合乎要求。白领劳工的办公室长久以来便一直与男性的主宰地位相关，可以被视为男性空间。事实上，如果不能说是全部，但至少在大多数公司中，男人都拒绝办公室装修和室内设计的“女性化”。“男性空间”的终极的和生动的例子是任何一处公共的大型观众设施，其中，两个性别的卫生间数量都是相同的，它们令人痛苦地隐藏了这样的事实：当妇女处于人群中时，她们需要的卫生间空间的总量是男性的数倍之多。高端古典音乐会大厅中妇女洗手间外那长得可怜的队伍便充分证实了这种消极的偏向。

有种含蓄的理解是，家庭内部领域是女性空间，而活动和公开会面的地方是男性空间（参见“女性空间”条目）。不过，通常而言，男性的性别化空间最近遭到了女性的到场和转变的攻击（Petty，2003）：

> 在很大程度上，西方男性已被赶出了曾被认为是绝对属于男性的空间。工作场所、酒吧和俱乐部全都成了女性参与和容纳程度越来越高的地方。

然而，根据这份报告，以前归属男性性别空间的“两性现象”的日益增长，有助于重新定义过分强化的男性的阳刚之气。

> 过去的绝对男性空间的侵蚀和新的男性健康空间的再定义的失败，导致了男子气概的重新定义，明显强调性感的、侵略性的、甚至有时是暴力性的……理想的男性不再是90年代中期的SNAG（敏感的新时代少年［Sensitive New Age Guy］），现在是在被诸如《准则》（*Maxim*）和《男人装》（*FHM*）之类的杂志大力普及，并通过体育文化、学校、电视和音乐得到了强化的富有攻击性的“新青年”。（Petty，2003）

现在，真正的男性空间在要求它们容纳两性的社会重压之下步步后撤，一种特定的、被夸大了的虚拟的男性空间在电影、杂志、虚拟视频游戏、“极限”运动和电视上大量涌现（例如，喜剧中心的《男人秀》［*The Man Show*］，以及市场上出售的通过家用电视机来玩的所有超级暴力或极限视频游戏）。你不能切切实实地出现在这样的虚拟空间里，但它们确实再造了绝对的男性话语，尽管其采取的是一种夸大其辞的、而且确定无疑的异化了的方式。派蒂（Petty）用下面的话来对我们社会中男性空间消失的评估作了总结：

> 这不是在呼吁绝对的男人俱乐部，将男孩子和女孩子在教室

> 中隔绝开来，或是创造一种新的性别等级制度。然而，它在迫切要求对男性身份进行结构性再定义，并提供一种场所，男人在其中会受到鼓励去诚实地、开诚布公地检视其男性气质（文化的、文学的、政治的）。消失的男人正在被日益成为长着拳头的行走的阴茎的东西所取代。这真是种令人不安的情景。（Petty，2003）

以上观察之所以有趣，完全是因为它们引入了这样一种重要的概念：我们文化中的空间既是真实的，也是虚拟的（参见“夜生活与城市夜间景观”、“社会空间法”条目）。可是，这种认为现有空间越来越为两性所掌控的言论实际上可能言过其实。社会仍旧赋予男性以统治权。这一事实本身就表明，在大多数空间，盛行的将是以男性为基础的活动和影响。因此，例如在社会上创造一种仅属于女性的或迎合儿童的敏感性和需求的空间，始终是社会规划的考虑重点。

参考文献

Petty，Jordan *Entrepot*，1（1 January 2003）.

城市发展模式

欧内斯特·W. 伯吉斯于20世纪30年代形成了一种城市发展理论，其基础是常见于罗伯特·帕克和罗德里克·麦肯齐（参见“芝加哥学派”条目）著作中的社会达尔文主义原则或生物衍生原则。在伯吉斯看来，城市因人口压力而不断壮大。这反过来触动了中央聚集和商业去中心化的双重过程；也就是说，空间竞争将新的活动吸引到了市中心，但也将其他活动排斥到了边缘区域。当活动本身落位于边缘区域时，边缘自身便被推得更加远离城市等等。因此，随着在中央商业区（CBD）竞争中失败了的活动重新落位于变化中的外围区域，城市区域便会持续地向外扩张。

根据伯吉斯的理论，城市最终将采取高度集中的中央商业区的形式，中央商业区将统治这一区域，并成为土地价格最具竞争性的地方，而周边区域将构成四个独特的向心圈：过渡地带、工人住宅区、住宅区、通勤区。

30年代和40年代，稍晚于伯吉斯的研究揭示了他的模式，反驳了他的理论，并质疑了中心地带之假说。时至今日，还有许多人从伯吉斯的定义出发，将城市想象为具有主宰着以圆环形式构成的周边区域的大型中心区域的地方。当我们了解到，就在伯吉斯发表了他的理论之后没多久，它就遭到了更为准确的概念的质疑，关于城市区域的增长方式是基于更好的研究，这是件相当值得注意的事。正如在本书的数个条目中所指出的那样，城市占主导地位的想法在城市研究中根深蒂固，即使它是种谬论（参见“多中心大都会区域”条目）。

霍默·霍伊特（Homer Hoyt）——扇形模式（The sector model）

霍伊特的模式发表于 1933 年，也建立在芝加哥学派的基础上，但它反驳了伯吉斯的论著。他的空间扇形概念得自对芝加哥城内长达 100 年来土地价格变化的研究。霍伊特认为，使城市得到开拓的不是中心地带，而是不同经济活动在其中趋向于聚集的、得到了不均衡塑造的扇区。造成这些聚集的是房地产资本市场内部为区位而展开的竞争，该资本市场将功能性需求转换成了土地价格。霍伊特进而认为，制造业、特别是零售业倾向于抽资脱身，离开市中心，在向外扩展的扇形区域集聚，而将其他经济活动留在了在功能上更加具体化了的中央商业区。这一概念如今看来十分正确，尽管霍伊特的概括方式因其依旧基于城市而存在局限性。

昌西·哈里斯（Chauncy Harris）和爱德华·厄尔曼（Edward Ullman）——多核心模式（The multiple nuclei model）

像霍伊特一样，哈里斯和厄尔曼对于城市空间发展的构想也基本正确，他们认为，在具有不同需求的使用者间的房地产竞争的压力下，构成城市空间的是不规则的扇形区域和中心，而非中心地带。然而，这两个备选模式都假定，CBD，即任何城市的中央核心，将始终占据主导地位。它们未能预见到整个大都市区域都将经历功能上的专门化的方式（参见“多中心大都会区域”条目的相关部分）。

哈里斯和厄尔曼认为，从 CBD 抽资脱离的行为将采取独立中心的形式，而不会采取从中央核心向外辐射的扇形形式。这些较小的中心被设想为“同质性城区”，它们依旧围绕着某种类型的 CBD 而加以组织。与伯吉斯不同的是，根据他们的模式，在抽资脱离区域所在的相互关联的区域中，找不到任何固定的模式。

与所有以城市为中心的方法相反，“多中心大都会区域”条目认为，各独立中心在功能上各不相同，与更大的整体并无关联。大型购物广场不是随机地安置在那一区域周围，而是由其开发商按照市场和服务区域来为它们选址，这些区域与 CBD 毫无关系，而是取决于整个大都会区域的人口分布情况。在伯吉斯、霍伊特、哈里斯和厄尔曼看来，以及在我应当添加进来的许多今日的城市学家看来，CBD 始终是在一座城市内部经济集中的通用的简明概念。多中心遍及大都会区域，并得到社会组织的地方、国家和全球模式的生产和维系。

中心地理论（Central place theory）与增长极理论（Growth pole theory）

欧洲城市和区域经济学家及地理学家一直受到两位德国区域科学家克里斯塔勒（Christaller，1933）和廖士（Lösch，1945）著作的影响，他们被认为是中心地理论的创建者。从最简单的意义上说，中心地理论为两种城市现象提供了解释：一种是城市分级制度的存在，即对城市进行排序，从最具功能性和重要性的城市，一直排到最少功能性和重要性的城市；另一种是城市体系中的空间结构——换言之，同一区域中的不同城市间的关系（Evans，1985）。中心地理论最初建立在对农村占主导的德国南部的一项研究的基础之上，在解释工业化经济中的城市分级制度的存在方面始终存有弱点。尽管遭到了批评并进行了修正，但在其他理论发展语境中的中心地理论确实提供了有关多中心大都会区域（MMRs，参见该条目）和曾在欧洲得到运用的其早期变体“多中心城市区域”（PURs）之结构的洞见。它的其他效用一直在于，对一个国家城市体系内部得到提供金融服务的分级制度进行解释（Parr and Budd，2000）。

另一个出现于欧洲论著中的重要概念是法国理论家所推进的“区域增长极”（regional growth pole）这个概念以及利用这一视角的发展策略。增长极的定义是：

> 一系列能够产生经济的动态增长的工业，通过围绕着一个领先工业（或推进性工业）而确立的输入—输出连接与彼此紧密相连。（使用的是原初的法语意思）（Richardson，1978：165）

自然增长极（natural growth pole）这一概念（在抽象经济空间中得以定义）源于佩鲁（Perroux，1945）的论著。在奥地利经济学家熊彼特（Schumpeter）有关创新的论著的影响下，佩鲁将一种经济中的增长视为控制和不平衡的结果，即不均衡发展（参见该条目）的结果（Parr，1999）。在佩鲁的影响下，下一代的经济学家们为世界各地的许多城市发展形成了增长极策略。英国的“新城”（New towns）及其法语的对应语 les grandes ensembles，是增长极图式的典型，其核心目的是城市区域的分散。欧洲背景下的这种城市政策形式及随后的相对失败基于许多原因。部分问题是，佩鲁的原初模式聚焦于行业间或工业间的联系，对商品和人在整个城市区域流动的外在影响给予的关注很少，甚至没有。后者是目前作为全球化以及交通运输和计算机发明结果的空间发展的关键因素。

总之，尽管存有局限，但中心地理论认为，个体中心存在于一个更大的体系之内，并以复杂的互动为特征（正如在一个多中心大都会区域中那样）。增长极理论仅聚焦于极点的内部运作而不是在一个更大区域中的外在关系。中心地理论的应用存在局限，其中最主要的是，它处理的是在一个特殊时间点上的空间不均衡，而增长极理论关注的是随着时间推移的动态变化。有关中心地理论所覆盖的经济活动的范围也有进一步的缺陷，而空间分级结构暗示了极少的核心层面。不过，正如帕尔（Parr，1973）所证实的，这些缺陷中的许多都是可以克服的。在这样做的过程中，这些方法会为在欧洲语境下探索多中心区域——或多核心城市区域——的观点开启丰富的可能性。

参考文献

Christaller, W. 1933. *Die Zentrlaen Orte in Süddeutschland*. Jena: Fisher.

Evans, A. 1985. *Urban Economics: An Introduction*. Oxford: Blackwell.

Lösch, A. 1945. *Die Raumliche Ordnung der Wirtschaft*. Jena: Fischer.

Parr, J. B. 1973. 'Growth Poles, Regional Development and Central Place Theory' *Papers in Regional Science*, 31, 174～212.

Parr, J. B. and L. Budd 2000. 'Financial Services and the Urban System: An Exploration' *Urban Studies* 37 (3): 593～610.

Richardson, H. 1978. *Regional and Urban Economics*. Harmondsworth: Penguin.

多中心大都会区域

被称为“城市”的聚落空间形式已有约一万年的历史。传统意义上，它由一个人口相对密集的中心区域及周围的农产品供应空间所构成。这种有分界的城市形式一直得到传承，直至 19 世纪资本主义工业化期间还依然如故。当时，两个界线分明的阶级——工人和资本家的产生，按照财富将人口分为两部分。富裕家庭将家建在远离城市的地方，同时也在市中心保有一块地方。进而，当创造利润的力量扩展到房地产的资本市场时，投机者立即给市中心之外的土地立上出售的牌子。他们鼓励预期的买主使用当时可获得的任何交通手段以通勤的方式去工作。马车最终被原始的蒸汽动力客运火车所取代，然后是使用电力的有轨电车，最后是汽车，它们充当了往来于城市内外区域间的交通工具。在城市发展的每个阶段，住宅区的边界都被进一步推离了市中心。然而，在这种“郊区化”的整个早期阶段，都市核心之外的区域一直是通过对挣钱养家、工人阶级的工作、商业和对“高端”文化（即艺术、音乐、时尚等）的参与等的依赖而依附于市中心。

一些城市学家仍然声称，现代的郊区化是汽车大量生产的结果。像洛杉矶这样的城市被当作此类交通手段所造就的城区扩张的标志地而受到推崇。可是，这远远背离了事实。依赖技术决定论这一仍然很常见的错误概念的分析家总是错的，因为他们未能从社会组织的角度去思考问题。政治、经济、文化以及单纯的技术力量总是会共同创造社会中的重大变化。在美国，大规模的郊区化其实始于第二次世界大战刚结束的那些年。将普通工人变成“中产阶级”，是由政府项目和经济繁荣所释放的强大力量的产物。最终，这种人们从市中心向城外区域转移的深刻的人口统计学上的转变造就了一种新的非城市空间形式。我们称之为多中心大都会区域（Multi-centered Metropolitan Region），即 MMR，它在性质上不同于传统的城市，就如城市本身不同于其一万年前的前辈一样（参见“城市发展模式”、“社会空间法”条目，亦见 Gottdiener，1994；Gottdiener and Hutchison，2000；Gottdiener and Kephart，1990）。其最为显著的特征之一是传统的市中心将其许多功能分割给其他中心，使每个中心都有了较过去更具功能上的专门性的方式。我们的城市化区域现在拥有了多个中心，其中的一些或以消费功能为主，或以白领办公室运作为主，或以某一类制造业为主，或以住宅生活或消遣休闲活动为主。传统的市中心仍然存在，仍旧保持着其重要性，但它变得更加专门化，成为商业和消费地带，还有它拥有的人口，作为一个社会整体，也缺乏代表性。

我们可能只想知道，为什么当今的城市学家一边讨论着新空间形式的特征，如作为就业中心的独立工业园区，被称为郊区购物广场的大型消费空间，不仅吸引了来自许多周边城市的人、甚至还吸引了其他州的人，一边还不着边际地坚持聚焦于“城市”，仿佛中央核心地区仍旧保有着其在 20 世纪 50 年代以前那样的统括一切的重要性似的。大多数城市分析现在都过时了，因为它们未能认识到聚落空间向多中心的和区域多功能性的这种转变。我们依旧看到的是在标题中使用“城市”这个词的书籍——《理解城市》、《城市建设者》、《城市文化》、《后现代城市》。这些术语的增生扩散使“城市”这个词成了后缀，使它的意义不可能确定下来，因为这个词本身不再是个空间概念，而成了个隐喻性概念。城市学家们因为自身无力区分具体的言语特征而造成巨大的术语上的困惑。他们撰写有关全球城市、二元城市、信息城市、分裂的城市、分崩离析的城市、模拟城市、数字化城市、扩张中的城市或边缘城市的著作。这些术语完全是错误的。它们将一种属性，例如数字交流手段越来越多的使用，现在在范围上属于地方乃至国家和国际的聚落空间的特点，运用于某些假想中的中心，即根本不存在的“城市”。我们不再生活于一个类似于边缘城市这样确定的空间形式中，而是生活在一个不断扩张的发展区域中，这个区域有多个独立的中心，每个中心都有其自身不同程度的专门化功能。

空间的多中心大都会形式的出现，部分是强有力的政府计划。尤其是两个计划极具决定性，它们以其自身的方式发挥了重大作用，其意义远远超过汽车本身。在20世纪30年代的经济大萧条之后，美国政府启动了雄心勃勃的住房计划，以便帮助银行业和住房建筑业走向复兴。除了其他一些方面，政府还允许减免“住房拥有者”的税赋。这种减免时至今日依旧存在，这意味着，拥有自己的住房但背负着某种类型的抵押贷款的人，可以将其支付款项的全部利息从其税前收入中扣除。他们不用支付贷款的利息税。这是对任何可以负担得起购买自己房屋的人的直接补贴。它还是种极大的诱因，使人们想成为住房的拥有者，而非租住者，**假如你能够负担得起**的话。买不起房的房屋租住者在缴税事宜上得不到半点好处。因为租房在传统城市中比较典型，而成为住房业主在郊区更为典型，所以政府的住房计划显然致力于分散人口，使之不那么集中，以促使他们居住在独栋的郊区房屋中。

第二个计划确实与汽车有关，但使汽车成了郊区化的手段，而不是郊区化的原因，这与技术决定论者的言论恰恰相反。在20世纪50年代，美国政府决定兴建“州际”高速公路的十字网络，声称这是为了促进军事运输，以防国家遭到攻击。该项于1956年通过的“国家高速公路防卫体系”法案立即导致了沥青和公路建筑业对国家腹地的分割，为投机者投入并开发房地产创造了机会。紧随其后的是大规模的、不断扩张的独栋家庭住房的建造，这些土地曾一度只具有农业价值，而现在迅速被新修的高速公路高速地连接起来了。工业、商业乃至文化或休闲活动，与一度拥挤在城市里的人口一道，大规模地分散到了扩展中的大都会区域的各个角落，随后重新合并为独立的和更加专门化的中心。以燃气为动力的交通工具变成了将区位与这个日益扩展蔓延的聚落空间的各处联系在一起的手段。

在欧洲，在多中心城市区域（PURs）中一直存在一种利益的复兴。它与多中心大都会区域的区别在于，前者由“一系列相邻的、但在空间上各自独立的区域”构成（Parr，2004：231），而后者因为交通和通信的改善，在空间上不是独立的。一些英国研究者声称，PURs是多中心大都会区域的变体（Champion，2001），但在美国大都市区域如此典型的扩张和丛聚的影响的重要性，尚未在欧洲得到充分的认知。在英国，伯明翰符合后者，但像美国的大波士顿一样，它是在前者的基础上发展而来的。在欧洲其他各地有大量的 PURs 的例子，包括荷兰的兰德斯塔特和德国的鲁尔。鉴于人口在欧洲的大部分地区都很密集，试图在空间上分离不同的城市区域成为政府政策的要务。同样，规划限制通常会将带状开发区应用于轨道连接线一路，这通常会导致城市区域间的空间接合。欧洲委员会正积极致力于鼓励已有规划的PURs 的增长，以此来从政策上解决扩张中的区域发展问题（European Commission，1999）。相反，在美国，多中心区域发展是未能建立区域规划的结果。

多中心大都会区域的增长通过去中心化和再中心化这两个孪生过程而发生。同样的过程也可以说是 PURs 发展的基础，尽管郊区的扩张和独立的郊区丛聚在美国更为极端。去中心化意味着人口和活动数量在传统城市总体的、绝对的减少。这不仅涉及活动的分散，而且涉及社会组织的分散。伴随去中心化而来的是一种将人通过社会以及技术手段联系起来的不同方式。人口密度本身的广泛持平被称为分散（deconcentration）。

在去中心化发生的同时，再中心化的连接过程也在发生。后者意味着活动的改革，人在一种相对更为集中的空间，该空间具有一种连接性的伴随模式，反映了极为亲密的关系。因此，去中心化和再中心化都有其自身的社会组织的鲜明特点。分散后的人口中心的建立被称为再集中（reconcentration）。

更多的城市学家不采用多中心大都会区域来取代中心城市，使之成为其聚落空间的基本单元，一个重要的原因是，美国人口普查尚未抛弃针对都市形式的以城市为中心的术语。不过，随着时间的推移，已有相当多的来自人口普查本身的证据表明，我们已经过渡到了另一类聚落空间。例如，到 20 世纪 70 年代，人口普查表明，居住在市中心外围郊区区域的美国人要多于住在城市中的人。另一项数据证实，经济功能也在分散。例如，1948 年至 1982 年间，人口普查使用重要零售中心（MRC）这一范畴来捕捉“大都会区域内零售商店的大集中”。这些是在城市和郊区区域都存在的中心。对于后者而言，它们是某种类型的千篇一律的购物广场。对存在于城市之外却又位于大城市区域之内的中心和丛聚予以强调是很重要的，然而，人口普查未能持续地收集具有此名称的数据，“因为定义该区域的成本太高”（US Census Bureau，www. census. gov）。

目前，将聚落空间的区域基础包括在内的主要人口普查分类是大都会统计区（Metropolitan Statistical Area），它并未真实地表达这一空间的复杂性，而且仍在强调已不再值得一提的传统中心城市。2000 年人口普查的大都会统计区总共包括了约 93%的美国人口——约 83%的在大都会统计区内，约 10%的在小城市统计区内（在 1990 年以前的人口普查中，同样的分类法只包括了 80%的总人口）。在美国的3 142 个县中，1 000 个位于 362 个大城市统计区内，674 个位于小城市统计区内，1 378 个仍在此分类之外。

在美国，休斯敦、菲尼克斯、亚利桑那和拉斯维加斯区域是新空间形式的绝好例证。在其他地方，例如在欧洲，伦敦、阿姆斯特丹和巴黎也是很好的证明，正如巴西的圣保罗和中国香港一样。例如，休斯敦有一个市中心，但它在功能上专门锁定的是金融和商业服务。到了晚上，它实际上就是一片沙漠。贸易发生在分散于全区域的几个大型购物广场，工业园区和类似街区的轻工业和制造业也如出一辙。就连像纽约这样的地方也证明了新的空间形式，尽管这种形式较难在这样的案例中被看见。毫无疑问，曼哈顿代表着传统的城市中心，其功能依旧与过去的核心街区十分相像。不过，即使如此，它也只是个高度集中的活动发生地。纽约城区域是超过 2 000 万人口的家，并将新泽西州和康涅狄格州的部分区域以及纽约都包括在内。生活在这一区域的许多地区的人，如北新泽西或长岛，根本用不着去曼哈顿即可自在过活。即使他们去曼哈顿，也只是出于类似于旅游的特殊缘由。他们可以在靠近自己家的、遍布于这个广大区域各处的专门化的中心购物、工作和从事休闲活动。可以说，芝加哥、亚特兰大、洛杉矶和美国其他大量人口集中地的居民莫不如此。像许多城市学家仍旧坚持的那样，将这些聚集之处称为“城市”，是无视建立在构成聚落空间新形式基础上的基本事实，这些聚落空间的新形式具有多个在功能上进行了专门划分的中心，且通过各种各样的通信和交通模式联系在一起。

有关这一空间新形式的更多讨论可参见“城市发展模式”和“城市”条目，特别是关于增长极理论和中心地理论间关系的讨论，它们显然为这一形式的出现确立了理论标志。有关证明传统城市仍旧不同于其他空间形式并且依旧重要的方式的讨论，可参见“行人与机动车”、“全球化”和“夜生活与城市夜间景观”条目。

参考文献

Champion, A. G. 2001. ‘A Changing Demographic Regime and Evolving Polycentric Urban Region: Consequences for the Size, Composition and Distributions of City Populations’ *Urban Studies* 38: 657～677.

Gottdiener, M. 1994. *The Social Production of Urban Space, 2nd Edition*. Austin, TX: University of Texas Press.

Gottdiener, M. and R. Hutchison 2000. *The New Urban Sociolgoy, 2nd Edition*. NY: McGraw-Hill.

Gottdiener, M. and G. Kephart 1990. 'The Multi-nucleated Metropolitan Region' in R. Kling et al., *Post Suburban California*. Berkeley, CA: University of California Press.

Parr, J. B. 2004. 'The Polycentric Urban Region: A Closer Inspection' *Regional Studies* 38 (3): 231~240 (May).

US Census Bureau, *Guide to the 2002 Economic Census*, www.census.gov, accessed 25 June 2003.

邻里街区

邻里街区（neighborhood）这一概念也许是较除社群之外的其他任何概念都更多地根据各种各样的意识形态概念和/或规划学议事日程来加以阐释的概念。像在社群的例子中一样，这些阐释与实际存在的地方毫无关系（参见“社群”条目）。

例如，新城市主义的传道者杜安伊（Duany）和普拉特—兹伊贝克（Plater-Zyberk）（参见“新城市主义”条目）调用了芝加哥学派有关“自然区域”的有机主义意识形态（参见“芝加哥学派”条目）。

> 如同任何物种的栖息地一样，邻里街区拥有一种可在物理层面加以描述的自然逻辑。以下是理想邻里街区之设计原则：(1) 邻里街区有中心和边缘；(2) 邻里街区的最佳规模是从中心到边缘为1/4英里；(3) 邻里街区有平衡的混合活动——居住、购物、工作、上学、礼拜和娱乐；(4) 邻里街区根据由相互贯通的街道构成的良好网络来构建建筑地点和交通；(5) 邻里街区会赋予公共空间和市民建筑的恰当位置以优先权。(LeGates and Stout，2003：208)

显然，这是我们无法在现实中见到的邻里街区，却是一些规划者想通过干预来加以实现的邻里街区。不过，芝加哥学派所构想的“自然区域”这一概念建立在当时——20 世纪 20 年代——的城市研究基础之上。它指的是在文化上同质的或一个种族/民族群体明显在那里居于主导地位的邻里街区，如唐人街、小意大利街或匈牙利街。这一概念与另一个“种族飞地”（ethnic enclave）的概念紧密相关，后者通常指因大量外国移民所导致的众多人口具有相同的种族/宗教背景的邻里街区。20世纪60年代以前美国城市邻里街区的特点与此非常类似。然而，从那以后，各处的多中心大都会区域分散并混合了人口的分布，以及大规模移民的大幅减少，已将城中区域创建为在民族和社会经济等方面多样化的或混杂的区段，虽然在种族上不是这样。（有关美国和英国城市中持续的种族隔离的讨论，参见“少数民族聚居区与种族隔离”条目）

也许将“邻里街区”的概念当作更大的区域部署的鲜明特征来看待的最具影响力的思想家是简·雅各布斯（Jane Jacobs，1961）。她在撰写其经典著作《美国大城市的生与死》（*The Death and Life of Great American Cities*）时，城市规划者和建筑师们正在国际风格（参见“后现代和现代城市主义”条目）的咒语之下勤勉工作，用密集的、高层的开发区来取代城市的大部分区域。雅各布斯指责这样的开发，声称它实际上不是在复兴而是在破坏现代城市。历史已经在某种程度上，孕育了她。在一位观察者看来，“（雅各布斯）拍手称道的是似乎微不足道的东西，使城市为自己的居民良好运转：在街头制止犯罪的人存在；让邻里街区既方便又充满活力的商店与住房混在一起……城市是个生态系统，严格的、权威的规划可能会使之窒息……繁忙、活跃的人行道有助于城市成为安全、健康的繁荣之地……优秀的城市设计将工作、住房和娱乐混合在一起”（Walljasper，2002）。

许多当代建筑学家和规划者依旧受到雅各布斯有关城市生命力建立在健康的邻里街区街头生活基础之上观点的影响（参见“城市化与城市主义”、“新城市主义”条目）。根据新城市主义者的方法，邻里街区的生命力需要各种混合功能间的平衡——住房、购物、市民机构和开放空间。步行圈（这一方法所寻求的必要的“人类尺度”）在所有街道和具有便利的地方服务中心的开放空间都得到推行。

理解由城市规划者们预想出来的具有平衡性和向心性的想象的邻

里街区的问题与理解被理想化了的社群概念的问题如出一辙。一些研究者现在提出，这两个概念中没有一个捕捉到了当代城市居民的社会关联，因为如今人们拥有较少依赖任何实际空间的网络。这种情况与简·雅各布斯写作时的情况大不相同。当时，保持联络的电脑科技手段尚未发明。现在，社会交往不再需要邻里街区的毗邻或切实的交流。"毋需相邻的社群"的概念在"社群"条目中已有所讨论。尽管数字信息与通讯技术（ICT）声称的社会影响通过当代学术变化的体现明显被高估了，但当今手机和互联网再加上不同于公共交通工具的汽车的普遍使用，都使人们能够保持与一个遍及大城市区域各处的由朋友和家人构成的网络的密切联系（Grahm，2004）。

可是，无论是新城市主义者还是网络研究者，都未涉及对一种可为被我们的社会边缘化了的人用作资源的地方化空间的需求。新城市主义者赞成的观点只有相对富裕的人才能够承受得起。赞美 ICT 改变我们生活的假想力量的网络研究者和社会科学家们，也聚焦于有可获得跨越区域性范畴的"网络"的充足资源以及买得起电脑的人的行为。两种方法还都偏爱男性和专业人士。相反，社会被边缘化了的部分更需要邻里街区和社群关系。这对母亲和儿童而言尤其正确。"儿童的环境不是局限在家中、家中的院子或游乐场；整个邻里街区都充当了一个要么承担要么限制儿童活动的舞台"（Kytta，1997：41）。

儿童实际上是公共户外环境的最大消费者之一。不过，他们的需求常常遭到规划者和开发商的忽视。

> 在西欧，儿童自由自在地四处活动的可能性在过去几十年中已被大大缩小。根据一项在英格兰实施的大规模调查，儿童四处活动的自由的大幅下降出现在 1971 年至 1990 年间。该研究的研究人员对所谓的"馅饼儿童"感到忧心忡忡，他们受到过度的保护，无法在自身的环境中表现得积极和独立。如果与环境的接触受到成人的管制，那会对该环境中儿童关系的情感和认知程度产

生何种影响？（Kytta，1997：42）

根据比较研究，与生活在乡村或小城镇区域的儿童相比，生活在城市中的儿童在家外的日常活动最少。

另一个需要功能全面的邻里街区的人群，是那些要么受到身体机能的限制、要么受到年龄或残疾限制的人。贫穷的和买不起汽车的少数民族需要邻里街区和可以获得的便利服务。上了年纪的人，如果开不了车，也会有此要求。新城市主义者在为大城市区域中的全体居民描绘平衡的、功能齐全的飞地时似乎走得太远，尤其是在面对来自指出“无空间”邻里方式的网络研究者的如此众多的证据时，不过，他们的概念相当适合我们社会中那些不那么强大的部分。从这个意义上说，至关重要的邻里街区对人人来说都很重要，因为它们在生活圈中扮演了重要的角色。参见下面的“新城市主义”条目。

参考文献

Kytta, Marketta, 1997. 'Children's Independent Mobility in Urban, Small Town, and Rural Environments' in R. Camstra (ed.) *Growing Up in a Changing Urban Landscape*. The Netherlands: Van Gorcum and Co. pp. 41～51.

Graham, Stephen (ed.) 2004. *The Cybercities Reader*. UK: Routledge.

Jacobs, Jane 1961. *The Death and Life of Great American Cities*. New York: Random House.

LeGates, R. and F. Stout (eds) 2003. *The City Reader*, *3rd Edition*. UK: Routledge.

Walljasper, J. 2002. 'Jane Jacobs: Defender of the Urban Neighborhood' *Conscious Choice*, www.consciouschoice.com, accessed 25 June 2003.

新城市主义

新城市主义（New Urbanism）是建筑师和规划者的知识分子运动，旨在使我们的社会具有规范的增长模式，以郊区的扩张和限制性住宅飞地为例证。在他们倡导的原则中，一方面是市民参与规划过程的回归，另一方面，则是涉及邻里街区（neighborhood）、街区（district）和走廊（corridor）这三种形式的规划概念。

> 新城市居民清楚地表达了对诸如分区律师和土木工程师之类的专业化的专业人士主宰的拒绝，通过出现在务实的、具体设计中的畅所欲言的集体讨论对话（charettes），涉足于邻里街区设计的每一相关利益部分。新城市主义宪章声称："我们决心通过以市民为基础的参与性规划和设计，重建建筑艺术与社区建设之间的关系。"（Fichman and Fowler，2003：18）

新城市主义者号召抛弃当今的增长模式。他们致力于将多中心大城市区域重塑为建立在充满机会的（尽管通常正好相反）社区基础之上的地方化场所。一些拥护者，如安德雷斯·杜安伊（Andres Duany）、伊丽莎白·普拉特—兹伊贝克（Elizabeth Plater-Zyberk）、贾梅·克雷亚（Jaime Correa）、史蒂文·彼特森（Steven Peterson）、芭芭拉·利滕贝格（Barbara Littenberg）、马克·斯基门蒂（Mark Schimmenti）和丹尼尔·所罗门（Daniel Solomon）等，被称为"新传统主义者"（New Traditionalist），因为他们致力于使城市生活管理回归到人类尺度的社区，它们以行人为导向，非常像美国小镇的理想化版本。对他们而言，这首先是个人们坐在自家门阶上与邻居互动、能步行或乘车去上班或购物的地方。他们遵循刘易斯·芒福德和简·雅各布斯的看法，认为建筑城市社区的基石涉及活跃的街头生活。

新城市主义者按照邻里街区、街区和走廊来建设城市空间。“他们设想中的理想的邻里街区规模很小——从中心行走至边缘只需五分钟。它是多样化的，包括平衡地混杂在一起的寓所、工作场所、商店、公园和诸如学校和教堂之类的公民机构……”它有“一个为公民建筑和公共空间所主宰的中心，还有某些类型的边缘（也许为田野和森林所界定，也许为高速公路或铁路所界定）。在其理想的邻里街区中的土地使用与有益于行人的、以换乘为导向的交通走廊系统相连接，该系统可为居民提供徒步、骑车、开车或换乘公共交通工具去上班、上学、购物和娱乐的机会……这种景象与今日占优势的郊区模式形成了鲜明对比：延伸中的、依赖汽车的、同质的区域，缺乏公共空间，没有清晰的中心或边缘”（LeGates and Stout，2003：207）。

这一想象的第二种构成元素是街区（district）概念。它是个具有特定功能的空间，但仍能支持多种多样和相辅相成的活动。在新城市主义者看来，那种需要与不同的经济功能完全分离的“现代主义”的基本规划前提现在已经消失。因为去工业化，当今的城市区域极少有工厂的存在。因此，城市不再受那种现代派规划者力图通过分区的分离主义原则将之与普通民众隔绝开来的制造业社会的噪音和污染的折磨。事实上，当今城市依旧受到汽车交通所带来的噪音和污染的严重折磨，这并未逃出新城市主义规划者的范围，但他们未将后者的不便归因于现代主义的传统。

这一方法所提倡的最后一个概念是“走廊”（corridor）：

> 走廊既是邻里街区与街区的连接通道，也是它们的分隔线。走廊包括自然的和人为的元素，范围从野生动物的足迹到轨道线。

> 走廊不是始终位于郊区中的再分部分和购物中心之外的无计划的居住空间。相反，它是种都市元素，以其可视的持续性为特征。它由其相邻的街区和邻里街区所界定，并提供通向它们的入口。(LeGates and Stout，2003：211)

新城市主义从根本上反对当前的郊区扩张模式。但是，因为它受到建筑师和规划者想法的驱使，所以犯了物理主义派的错误。人们不会只因为一些建筑师设想了一个可促进某种行为模式的空间设计就按照规划者的指挥去行事。因此，杜安伊和普拉特—兹伊贝克提倡带有通往街道的门廊的住房，正是受到了小镇社交性的启发。在诸如佛罗里达的庆典开发区这样的带有门廊的新开发区中，素不相识的人们之间的社交性增加并未成为现实。结交好的邻里需要的不只是一种理论上的建筑图式。只因为杜安伊和普拉特—兹伊贝克建构了一种看上去像社区的开发区，并不意味着选择住在那里的人就会创造一个社区。相反，他们的所作所为与各处富裕的郊区居民极为相似，保持了其在空间上四散开来的社会网络。

由于强调以人为尺度的邻里街区，新城市主义者表现出了对理想化的欧洲城市以及想象大于真实的美国小镇的痴迷。正如我们已经讨论过的，当今的大多数人都利用电话、手机、互联网尤其是汽车而拥有遍布于空间各处的强大的社会网络。尽管平衡的、功能齐全的邻里街区将对城市和郊区的人都有所帮助，如老人和少数的穷人，但即使它们是可获得的，也未必是大多数人都会利用的空间（参见“邻里街区”、“社群”条目）。

这后一点得到了来自贯彻了新城市主义观念的项目规划的负面经验的具体证据的强调。想想下面来自圣地亚哥的案例（参见“可持续城市化”条目）。

1986 年 9 月，圣地亚哥城花了 900 万美元购买了一块 14 英亩的被废弃的西尔斯商店所在地及周边的停车场。该城响应新城市主义宪章，启动了开发规划过程，欲将当地居民及其代表的资金投入纳入其中。严格的土地使用和设计标准被写进了再开发提案中，其中包括建造一个与商业建筑比肩而立的3 000平方英尺的社区中心计划。

这个被称为住宅区街区（Uptown District）的计划是新城市主义的典范，也是因为它强调了行人尺度，并且将庞大的公共空间包括在内。尽管购物广场和一些主题公园已经征用了行人尺度，但它们并未提供新城市主义所倡导的那种公共空间。

首席建筑师迈克尔·拉巴尔（Michael Labarre）说："我们试图达到的目的是，创造一系列建筑形象，它们结合在一起发挥作用，但不是给人以这只不过是个同时建成的大型工程的感觉。我们努力提供一种街头景观的感觉，以及这项工程是经过多年时间建成的建筑形象的多种集合的感觉（'Unsprawl Case Study' www. terrain. org，2003：3）。"

这项设计还有其他对行人和社区有益的方面：

> 该工程将所有居民停车场都放在地下，利用步行的网络——围绕中央公园的只有街道。再开发以一个大型超市为支柱，而此杂货商店只在主路上有个最小限度的招牌，与一个大停车场不相毗连（因为它在地下），旨在使之"不显眼"。在这个多用途的建筑群中，还可找到居住用房。（'Unsprawl Case Study' www. terrain. org，2003：3）

尽管有这些出自新城市主义理想的意图并忠实地加以遵守的美好想法，但该工程并不像支持者所预期的那么成功。此工程中的商业企业大部分都失败了。在这些商店中出现了大转手。

新城市主义的提倡者没有寻找其有关回归行人的尺度会更好和更具吸引力观点的错误之处。相反，他们继续挑机动车的毛病，说它是该工程失败的罪魁祸首。不过，他们的观点理当中和对汽车的需求以及由此带来的汽车的吸引力。相反，人们并没有在该工程的商业折扣店中买那么多东西，而宁愿开车去别的更好的场所。总之，虽然它的倡导者信誓旦旦，但鉴于社会的价值观，新城市主义并非是可发挥作用的解决之道。由于目前的这种多中心大城市区域的空间形式，即使可能，但也很难战胜汽车及其提供的便利。

英国最惹人生气的人之一是国际知名建筑师理查德·罗杰斯（Richard Rogers），他似乎认为，较小的欧洲城市的经验可以直接标识在伦敦这样的拼凑而成的复杂地势上。邻里街区的具体化及其想象中的社群令人想起了 20 世纪 60 年代的建筑决定论及失败的现代主义，该论点认为，圣路易斯的普鲁特—艾格（Pruitt-Igoe）和东伦敦的罗兰·波英特（Ronan Point）的建成，将改变住在里面的较贫穷的人的社会经济环境。作为《城市复兴》（*Urban Renaissance*）这份由政府赞助的有关英国城市政策报告的官方发言人，罗杰斯声称："都市的邻里街区必须变为各个年龄以及各种环境中的人都想居住的地方。我们必须增加投资，鼓励市场转向它们，进行持续的改造。我们必须全都负起这一改变过程的责任，将民主领导权的长处与有所增加的公众参与结合起来。"（Department of the Environment，Transport and the Regions，1999）如何避开来自强大的房地产利益的经纪机构、分段的劳动力市场、获得住房的不同途径以及与之相关的财富效应相结合的分散、去中心化和再中心化力量的使人兴奋的混合的恶劣影响，在这曲新城市主义及其"邻里街区"具体化了的概念颂歌中未被提及。

新城市主义是对大规模郊区扩张以及与之相关的和负面的中心城市生活转型所带来问题的健康反应。不过，它的倡导者是如此痴迷于错误的建筑和规划图式决定论，以致忘记了物理主义派的谬误，轻而易举地重蹈覆辙。发展的转变模式所需要的要远远多于建筑构想本身。以我们社会所运行的方式进行的政治和经济变化也非常重要，甚至对于我们现在所拥有的变化需求而言更为根本。似乎需要一种更为全面的且在政治方面得到促动的方法。借助政治手段来同时与扩张和城市的衰落作斗争是可持续城市运动（参见“可持续城市化”条目）这一概念的特征。

参考文献

Department of the Environment, Transport and the Regions, 1999. *Towards an Urban Renaissance: Final Report of the Urban Task Force*. London: Stationery Office.

Fichman, M. and E. Fowler 2003. 'The Science and Politics of Sprawl: From Suburbia to Creative Citybuilding' Unpublished paper, York University.

LeGates, R. and F. Stout (eds) 2003. *The City Reader, 3rd Edition*. UK: Routledge.

Unsprawl Case Study: Uptown District in San Diego, CA 2003. www. terrain. org/unsprawl/1/index. html. accessed 25 June 2003.

夜生活与城市夜间景观

夜间活动是市中心可用来与郊区和乡村地区加以区别的重要方式之一。《作为新开拓地的夜晚》（*Night as Frontier*）（Melbin，1987）是第一部系统调查城市居民对夜间的占据的书籍。支撑这一过程的有几个因素。电气化使建成环境变得灯火通明，赶走了黑暗，大大延长了城市活动的时间，与乡村生活形成了鲜明对比。农业与日夜交替的节奏密切相关。当电灯变得无所不在时，都市社会活动就能够超越自然。

城市地区灯火通明的夜晚标志着社交与消费。人们互相登门拜访，或是走出家门去吃喝玩乐。餐馆和酒吧会开放到地方当局宣布的关门时间。在各工业化国家，所谓的家乡时刻，即酒吧规定的关门时间，时至今日还有极大的差异。例如，在伦敦，大多数酒吧的关门时间是晚上 11 点，但 2002 年的新规允许稍有变化，而在纽约的水牛城，酒吧的关门时间是凌晨 4 点。消费活动在先进的工业社会已得到如此有效的扩展，以致我们现在可以论及“24 小时”城市——得到扩展的空间和时间地带为消费经验提供了无限的可获性。虽然许多城市都将这一特征说成是已提出的再开发规划的一个方面，但其实只有拉斯维加斯区域才能真正叫做 24 小时之地。

照明同样影响到了生产。如果需要，工厂可以日夜不停地开工。事实上，24 小时周期完全与目前工会要求的 8 小时工作制兼容。在极度缺乏工会组织的拉斯维加斯的娱乐场可以发现，它更愿意全天候开放，实行三班倒的工作方式，而不愿意通过支付加班工资的方式将工作时间延长至两班。据说，纽约水牛城的酒吧会一直开到凌晨 4 点，完全是因为那正是钢铁工厂晚班结束的时候。早晨6点，又到了上班时间，酒吧可以暂停一下，直到那一班在下午时分结束。简言之，总是联系在一起的生产和消费通过对夜晚的占据而被绑在了一起。这些工作和休闲活动给予了都市一种在更多地与农业导向的节奏或郊区生活联系起来的地区所没有的氛围。电影《出租车司机》（*Taxi Driver*）是对那种只能在侵占了白天的轮转时间的大城市才可经历到的午夜感觉的绝佳视觉呈现。

查特顿和霍兰兹（Chatterton and Hollands，2003）对这种夜间分析进行了进一步的扩展，他们认为，中心城市，尤其是市中心，已日益变成了年轻成人的消费、玩闹和享乐的午夜场。而且，越来越多的新消费场所也得以建造，以促进这些活动。这些人们会合其间用以饮酒、跳舞和社交的空间被称为“夜间景观”（nightscapes），它们现在成了大城市的常见特点。总是缺钱的城市政府和一心想赚钱的全球公司都发现，渴望夜间聚会的年轻成人的规模庞大，至关重要。渐渐地，酒类产品在普通啤酒或葡萄酒中有了进一步的细分，硬柠檬水和清凉饮料之类的产品被生产出来以供应这一市场，“时尚”场所也得到构建以出售这些产品。制造这样的产品和空间的是有权进行这样的运营的全球公司。

年轻成人消费这一新市场的大获成功使现在的城市正考虑将之作为萧条的城市区域的一般再开发计划的组成部分来置办。在有些地方，夜间景观的产物，包括地方当局的许可规则在内，是标志着将人们带回市中心来花钱的战役中少数成功之举中的一个。许多城市地区现在都拥有这些相对独特的、以年轻成人为导向的、热闹好玩的街区，供饮酒、跳舞和有性行为倾向的休闲活动之用。事实上，在数年打出自己是“家庭目的地”的广告之后，拉斯维加斯2003年的广告大战明确地旨在消除那一定位，宣告这一地区是供年轻成人游乐之所。目前的广告相当大胆地声称：“在此发生，在此逗留。”许多娱乐场都修建了大型的迪斯科舞厅，以迎合通宵达旦的年轻成人市场，包括“54录音室”（Studio 54）这样大名鼎鼎的地方在内。目前，与拉斯维加斯的方式相一致，这些夜间景观通过主题和环境设计相互竞争。

夜间地带较近期的向交流和消费之地的转变相当引人注目。曾经一度，酒吧被赋予了低级的，相当坦率地说是“离经叛道的”（即使不是“亚文化的”）特征。主流的和中产阶级人群在“闲逛”时间结束后从不在市中心冒险，除非他们在寻找非常规的活动。如今，许多大城市区域的市中心街区依旧相对荒寂，除了这些“淘汰”之地。然而，在存在市中心复兴之举的地方，迎合年轻成人消费者的夜间景观一直是领头羊。利用给产品打上品牌和赋予环境以主题的技术，公司企业已将这些空间变得可容纳那些似乎在一夜之间兴起的活跃消费者的不断扩展的市场。现在，夜间景观不是一个处于边缘的地方，或一个变异的空间，而是普通的、主流的场所，在那里，买与卖的业务像在其他地方一样进行，城市居民可以带着些骄傲之情谈及一座“24 小时”城市。

这种从下作向时尚转变的确切发生方式颇为引人深思，因为它说明了资本与空间的相互作用。在 20 世纪 90 年代初期，一家名为“内阁之声”（*Ministry of Sound*）的舞蹈俱乐部在伦敦开张。现在，它是世界上最大的全球舞曲唱片标签。通过利用主题、品牌和特许经营权，全球公司营造了与活动相联系的环境，如将跳舞与酒类消费、时尚和“酷”的商品化联系起来。像其他公司一样，内阁之声不再只是个跳舞的地方，它是个出售许多不同种类商品的全球品牌。商业化公司的第二个逻辑是市场的分段。所有年轻人在其音乐喜好、时尚或饮料品味方面都各有所好。全球公司对这些市场予以分段，或顺着消费者活动的切口进入，从而设计出针对实际存在的亚文化部分的不同产品。酒类饮料是个好例子。一家公司，如世界上最大的啤酒制造商安海斯—布希（Anheiser-Busch），生产好几种不同的牌子，并以不同的方式推销它们。广告是制造这种虚拟的产品多样性的关键所在。实际上，所有市场分段都由同一家制造商提供服务，只是品牌的名称不同。营造了夜间景观场所的公司也会建构表面看去各不相同的地方。通过这种方式，出售夜晚时间的特许经销权并不总是意味着相互竞争的商业经营。它们也许全都属于同一家公司，仅仅是在吸引不同的市场分段。

所有这些制造利润的活动的结果是市中心消费场所的大幅增加以及夜间人口的爆炸，这是萧条的城市仅在十年以前集体认为不可能的事。像其他地方一样，由于受到全球化的影响，受到这种摧枯拉朽般力量折磨的是地方的、独立经营的场所。不过，查特顿和霍兰兹（2003）在对这一现象的分析中提出了一种绝佳的论点。借助葛兰西的文化研究框架，我们可以逐渐习惯于这样的事实：在方位部署中，存在一种受公司控制的主流，但也有残余的和可代替的空间。安东尼奥·葛兰西（Antonio Gramsci）认为，任何正在经历变化的社会都不会简单地从一种状态转变为另一种状态。老体制中会有一些元素保留下来，这些就是社会的残余部分。在俱乐部的事例中，并不是所有的原初场所都只因为新的浮华场所的修建而关门歇业。夜间景观包含着新老的交融，在大多数地方，消费者仍然能够找到那些拥有如下作之类的“个性”的残余的和为当地所持有的空间，也就是说，一家全球公司不能拥有其个性，并将之当作一种主题来推销。

葛兰西认为，在任何正在经历变化的社会中，除了主流和残余的维度，还总是会出现相反的力量。事实上，按照葛兰西的观点，通常导致变化本身的恰恰正是这些相反的活动。拿俱乐部的例子来说，巨头公司所作的市场分段永远也不能包围非主流部分。年轻人的亚文化对于那种结果而言太过强健和独创，因为那些亚文化是同一性问题的真实表达。结果，那些迎合将自己视为不同于消费主流模式的象征性表达的生活方式或模式的地方也在夜间景观中得到流行。这些场所也被加入到了混合的夜间景观之中。总之，在任何一个拥有充满活力的夜晚时间的区域中，既会有公司控制的、特许经营的和有市场分段的地方，也会有为地方所拥有的和迎合非主流生活方式的地方。像文化的其他方面一样，这种多样性的混合意味着消费活动和象征性定义将总是处于一种流动状态，其大部分都是相当健康和具有创新性的。只要城市管理部门培养这些夜间景观，并阻止强大的公司获得全部的控制权，中心城市就将对各种各样范围广大的人保持吸引力。不过，在某些案例中，例如曼哈顿第 42 街的转型，混合场所会因迷你版的迪士尼乐园以及单纯的旅游业利益而遭到清除。在那种情况下，当观察者为“真实的”城市生活的逝去而悲叹时，是完全可以理解的。

参考文献

Chatterton, P. and R. Hollands 2003. *Urban Nightscapes: Youth Cultures, Pleasure Spaces and Corporate Power*. London: Routledge.

Melbin, M. 1987. *Night as Frontier*. NY: The Free Press.

过度城市化——首位城市

先进的工业社会，如那些在欧洲和美国的社会，已在一个相当长的时间里经历了城市化。在此类状况下，农业区域依旧相对稳定，而城市发展以循序渐进的步伐进行。虽然所有这些社会都拥有大城市，不过，还是有论及城市化的平衡增长的层次性。这意味着，城市化地区的人口展现出了一种范围全面的层级性，从许许多多的小城市，到数量较少的中等规模的地方，最后是少数精选的体量巨大的城市区域。这种平衡的城市化有几个优势，包括许多可供选择的商业和住宅区位的可获性、城市管理的有所增加的可管理性，以及它包括农业在内的混合区段经济的相对力量。

相反，许多发展中国家的城市发展模式和过程的特征是过度城市化（overurbanization），在那里，发达国家经历过的城市发展的所有消极影响都扩大了许多倍。过度城市化是这样一个社会空间过程：过量的人口集中在城市区域，超出了为城市居民提供的基础服务和住房基础设施所能承受的能力。过度城市化的城市缺少工作、教育和卫生保健设施，以及其他可支持其不断增长的城市人口的必要资源（Bradshaw and Schafer，2000）。根据一份世界银行的报告：

> 太多的人移民到了城市区域，尽管对城市基础设施的投资巨大，但依旧超出了城市的吸收能力，其结果是城市服务和劳动力市场的严重紧张状态。在大多数发展中国家，这种紧张状态反映在高度二元化的城市系统中，在这些城市中，高收入的“现代性”

孤岛与棚户区和贫民窟同时存在。新边缘城市居民点的永久性一直未得到充分的认识，地方财政和管理一直未得到应有的关注。结果，人们无所作为，要么去设法应对在这些居民点的如卫生服务之类的基本服务的严重不足，要么去帮助由生产水平很低的、小规模和非正规的生产活动，它们构成了城市经济的大部分。(1991)

过度城市化通常因首位城市（primate cities）的存在而得到证明。在这样的国家中，有大规模的农村区域，然后有一两个巨大的城市区域，而中级的和较小规模的城市则完全缺失。通常情况下，就像泰国的情况一样，只有一个像曼谷这样的首位城市。这种模式是那种先进工业社会平衡的城市化特征的反面。首位城市或城市首位（urban primacy）的存在表明了“在任何指定的城市系统中的经济、政治和社会整合的缺失”（Kasarda and Crenshaw，1991：1）。平衡的城市规模分布的缺乏被认为代表着不发达和不均衡发展的症状。包括权力、财富、社会制度和机会在内的国家资源和价值过度集中在这些首位城市。它们造就了一种恶性循环。作为城市机会的唯一所在地，它们不断地吸引着越来越多的人，从而阻碍了其他较小城市的发展。

与过度城市化相关的城市问题近些年来变得令人警觉且日益严重。首位城市的过度拥挤是个常见问题，它过度耗费了地方提供充足的卫生和基本社会服务的资源和能力。过度城市化扭曲了如劳动力这样的生产资源的分配。正规的、全日制的、可维持一年的工作相对罕见，而在过度城市化的城市中，却有劳动力的大量供应。鉴于发展中国家有限的经济表现，工作机会的创造非常低而失业率非常高的情况并非不常见。除了压低了所有薪资的剩余劳动力的大量贮备外，失业也是第三世界城市的一个问题，如临时的、偶然的或季节性的劳工。未得到充分利用的劳动力也许甚至会掩盖失业和发展危机的整体程度。过度城市化的另一方面，是城市基础设施供应和如住房、教育和卫生保健之类的集体消费商品的供给极度缺乏。没有政治和经济权力的城市贫民在空间上被集中在最不发达的区域，在那里，在基础服务的提供方面，他们受到了地方和国家政府的忽视。更多的讨论参见“不平等与贫困”、“贫民窟与棚户区”条目。

在许多案例中，过度城市化模式和首位城市的创建是过去被殖民的结果。当国家遭到殖民时，城市基础设施只会在个别经过挑选的地方得到发展，而腹地则被留下来，只用于对其自然资源的掠夺。随着时间的推移，首位城市变成了吸引大量一心想获得某种程度财富的人离开土地进入城市的磁石。尽管殖民制度已遭抛弃，但过度城市化却作为一种过程被保留下来，并延续至今。

这些庞大区域的未来景象不容乐观。有近一半的世界人口现在都在城市，到大约 2015 年，大部分的人，即超过 50 亿的人，将生活在城市居民点。大部分城市人口增长发生在发展中国家。现在，每年有大约 5 500 万人会加入到发展中国家的城市人口之中。自 1970 年以来，非洲、亚洲和拉丁美洲的“百万”城市（那些拥有 100 万至1 000 万人口的城市）的数量已经翻了一番有余。一旦开始，向首位城市的大规模迁移就不会停止脚步，尽管因为贫困等原因，人们在那里会遭遇千辛万苦。现在，发展中国家的过度城市化甚至在缺乏基础广泛经济增长的情况下依旧在发生。最不发达国家正在经历某种最高的城市增长率：非洲拥有全世界各地最高的城市增长率，每年超过了 4%（World Bank，1991）。

这一问题的日益恶化是许多第三世界的首位城市目前适应全球经济的方式。尽管存在严重的问题，它们还是几乎毫无例外地被视为廉价劳动力的供应地。正如上文所注意到的，急不可耐的工人的过度供应压低了所有的工资。悲惨的和分裂的家庭生活在为工作而进行的挣扎中被商品化了，继而为生产用于全球出口的廉价商品的公司所利用。正如世界银行所报告的：

在城市，高度的城市不平等、贫困、失业和低就业从社会福利的角度看是低效能的，但在迎合寻求相对廉价的劳动力的当地和跨国工业的需求方面，它们又非常高效。(1991)

更多信息请参见“全球化”、“不平等与贫困”、“贫民窟与棚户区”条目。

参考文献

Bradshaw, Y. and M. Schafer 2000. 'Urbanization and Development: The Emergence of International Nongovernmental Organizations amid Declining States' *Sociological Perspectives*, 43: 97～116.

Kasarda, J. and E. Crenshaw 1991. 'Third World Urbanization: Dimensions, Theories and Determinants' *Annual Review of Sociology*, 17: 467～501.

World Bank, 1991. *Urban Policy and Economic Development*. Quoted in 'Urbanization and Development in Africa' (1999) Bergen, Norway: Chr. Michelsen Institute publication.

行人与机动车

若要列举城市与郊区之间的最基本的经验性对照的名称，那就非行人（pedestrian）与机动车（automobile）莫属了。很明显，居住在被其他高密度建筑物所包围的高密度住宅建筑物之内与居住在一个独栋的郊区住房之内之间的差异，也是城市与郊区间差异的典型。然而，在后一种情况下，一旦进入到这些独具特色的结构之内，其日常生活却十分相似。而在讨论建成环境时的步行对开车就不是这样了。行人和开车人或乘客会以完全不同的方式去体验城市文化。

低密度的郊区生活是以汽车为导向的。房屋有可进入的车道。人们要拜访大多数独栋的郊区住房时，总是很难从街道上发现通往房子入口的小径。从路上可以清楚地看见门，但要到达门前则意味着要付出一些努力，在一大片的院前草坪之间找到通向房门的窄小路径。如果是乘一辆汽车来到这同一栋房屋，则进入的环境标识就要清楚得多。只要顺着车道开就是了。等跨出车门，通常都有直接通向房门的水泥的或某种类型的精致小路。郊区住房还有车库，位置便利，而且通常是住房本身的一部分，与城市中的高层住宅大不相同。许多郊区居民把车库当作一个额外的房间。最常见的是把它作为贮藏室，有时里面堆了太多的收集起来的废旧杂物，反而没有容车之处了。郊区的人们会定期地淘汰其中一些用不着的东西，方法是举办“车库贱卖会”，而这是另一种典型的郊区体验。

郊区生活意味着到哪里都得开车。毫无疑问，城市居民也得通勤。他们乘公共交通工具上班的时间也许同住在郊区的人开车上班的时间一样长。但是，开车和乘坐公共交通工具之间有着明显差异。在汽车里，人人都有座位。开车人通常在自己的位置周围营造了一个舒适的地带。汽车里有可以放置一只喜欢的咖啡杯的水杯托架，有 CD 和盒式磁带播放器，使人可以在开车时有大量的选择，倾听从音乐到“磁带上的”书籍等范围很广的东西。汽车里有收音机，可以播放通常与路况有关的新闻，或是播放诸如音乐或体育赛事之类的其他娱乐节目。长久以来，现代汽车已被确立为家庭起居室的延伸，有宽大的座位、娱乐中心和便利的食品饮料存放处。

美国文化对欧洲的影响一向深远，自第二次世界大战起更加快了速度，从 20 世纪 50 年代法国的牛仔裤（les blue jeans）和年轻人的偶像詹姆斯·迪恩（James Dean），到从格拉斯哥至格但斯克的布兰妮·斯皮尔斯（Britney Spears）和碧昂斯（Beyoncé）的追随者。伴随这种文化强音的物质转变的是汽车及其在郊区化的欧洲城市中所扮演的角色，还有相关的通过逃离公共交通来实现现代梦的手段。许多欧洲城市并不适合机动车，因为可能除了柏林和巴黎之外，大多数城市都不是按照一种有规划的方式布局的。放射状的公共交通线路为伦敦人提供了良好的服务，但拥有汽车对穿越大都会区域而言依旧不可或缺。对于那些 20 世纪 50 年代和 60 年代初期在欧洲长大的人来说，给家中置办第一台冰箱和第一辆汽车的记忆正是通往现代性的过程。

虽然时下流行的是可持续城市（Banham，1963），但在英国规划圈中，汽车及对它的迎合的影响一直十分深刻，这被已故的建筑作家雷纳·班纳姆（Reyner Banham）称为“第二次机器时代”。然而，美国与欧洲之间的差异在于，在前者中，工作和住房都被去中心化到了郊区，而在欧洲城市中，去中心化了的通常只有住房，所以要花更长的通勤时间上下班（Hall，1998）。在英国的例子中，住房市场的特异性意味着，住宅区位会对交通成本/住房成本权衡的阿朗索模式（Alonso，1960）作出回应。也就是说，获得汽车就意味着可获得位于郊区的较大的但成本较低的住房。

与郊区形成对照的是，住在像曼哈顿地区就意味着要步行办事。有人估计说，曼哈顿人光是完成其必须的任务，一天就得走好几英里。那里有种必须遵循的行人文化和社会礼仪，即使在一个人时间紧迫地步行赶往目的地时也不能违背。人们像风中的帆船一样辗转腾挪，以避免穿行于拥挤的两行行人流中时与他人发生严重的碰撞。事实上，接触时常发生，但它发生的方式不会被视为对他人个人空间的侵犯。最为常见的是，在也许被当作不只是普通碰撞的接触发生后，迅速说一声简单的“对不起”，就足以阻止某个觉得自己被蔑视或侮辱的人切断人流。同样，在一大群陌生人中间高度结构化的舞步也是乘坐公共交通工具的特点。在这里，与私家车不同，人们必须让自己适应陌生人的切实存在，而且通常是在人们都挤在一个有限空间中的拥挤状况下。这样的景象不会产生惊慌、冒犯和对峙，尽管事实上，在任何其他的环境中，人们都绝不会允许陌生人靠得太近。当公共交通被如此密集地使用时，妇女可能会因不受欢迎的接触而受到侮辱，所以她们不得不特别小心。但是，这样的乘坐往往太平无事，因为人们都会遵守礼仪。

城市生活由近距离地汇集在一起的陌生人构成，个人空间受到局限，得适应密切的接触，甚至要容忍同一个人在其他环境中绝不会忍受的接触。当公共交通没有拥挤到人性所无法自制的地步时，人们通常可以找到座位，于是，一种完全不同的互动策略指令表就卷入进来。关键的一点是不要与附近的其他人有眼神的接触。常见的手段是在乘车时拿一张报纸或一本书，这样就可以避免朝别人左顾右盼。任何一个来大城市参观的人在乘公共交通工具时，立即会留下此地到处都是如饥似渴的阅读者的深刻印象。他们还会体验到这样一种感觉：常住者对附近的任何人都毫不在意。这种无动于衷的态度是城市生活的典型特征（参见“夜生活与城市夜间景观”条目）。

两位敏锐的观察者，威廉·H. 怀特（1988）和简·雅各布斯（1961），已确立了城市文化的行人生活的关键的重要性。怀特对曼哈顿街头的人进行了电影研究。他记录了人行道成为某种公共空间的方式。大多数行人只是用它们来从一个目的地前往另一个目的地，但怀特注意到一些人在街上遇到熟人并停下来与他们交谈的方式。这种被怀特用意第绪语的表达称为“闲聊”的行为是城市生活重要的互动维度。怀特纪实性地描述了城市空间的某些部分如何变成了闲聊地点，而另一些部分则仍发挥着促进行人交通的主要功能。在某种意义上，闲聊是社会互动的基本形式。它会强化友情的纽带，使人们及时获知熟人乃至密友的消息，还能将以某种方式结识的人绑在一起。它像在诸如餐馆和酒吧等更加正式的地方会见其他居民一样，是都市生活的根本。在发现了闲聊是频繁且显然十分重要的互动模式后，怀特确信，城市街道自成一种关键的公共空间，也是非常典型的“都市”空间。

简·雅各布斯的著作在指出行人在丰富城市生活的作用方面也同样意义重大。在雅各布斯看来，理想的城市邻里街区是那种混合了住宅和开放至午夜的商业设施的邻里街区。她的模型是她在曼哈顿的住处，一个叫做格林威治村的区段，那里是个充满生机的区域，住着形形色色的人，包括许多单身妇女。雅各布斯观察发现，街道总是充斥着川流不息的行人，这既是因为居民的来来往往，也是因为邻里街区中进行商业贸易的顾客进进出出。在城市的这个区段，街头犯罪相对较低，而暴力犯罪几乎闻所未闻。雅各布斯极富影响力地声称，这种特征是活跃的行人景象的直接结果（参见“新城市主义”、“夜生活与城市夜间景观”条目）。从白天到黑夜的所有时间里，外面总是有太多的人，使犯罪根本无从发生。雅各布斯相信，假如城市可以变得让单身妇女和儿童感到安全，那它就能够与郊区这种对家庭更为亲善的地方进行竞争，人们也就不会像在20世纪50年代至60年代居住在格林威治村期间那样弃城市而去。无论她的论点的这一方面是否正确，她确实解释了这一区域犯罪率低的原因。荒芜的空间给罪犯提供了损害他人的必要机会。每时每刻都充满行人的活跃的街头景象不仅会阻止犯罪，而且是健康城市的标志。

郊区居民已经放弃了行人的存在，而必须要做的观察是，他们是津津有味地这样去做。他们热爱自己的汽车。大多数独栋住房都有可停放两辆车的车库。20 世纪 50 年代，当大规模开发在美国中心城市之外发生时，新郊区居民将客货两用车当作家庭用车接受下来。丈夫也许会利用各种手段通勤上班，包括公共交通工具而非汽车，但郊区的妈妈们拥有自己的客货两用车，以便购买杂物和开车带孩子到各处去。后来，20 世纪 60 年代和 70 年代，典型的交通工具变成了面包车。“足球妈妈”这个词汇也在此时出现。现在，人们发现，各类郊区居民都开着巨大的 SUV，即“越野旅行车”，东倒西歪地驶过街角。这些曾经是为了越野驾驶而改装的卡车已经从其原始功能大举推进，现在成了城市通勤者生活的日常必需品。它们不再被用于其初始的目的，而是取代了客货两用车或面包车，成了“足球妈妈”在里面感到安全的交通工具，被用于从上班通勤到购物和接送孩子等郊区功能的方方面面。英国郊区居民的经验十分相似。在伦敦大都会区域，据估计在学校放假期间，交通流速可提高 30％。相反，在学校上课的日子，亟需的两车道变成了一个车道，因为孩子们纷纷从各类汽车中走下来，而通常学校离他们的家只有不到一英里的路程。

假如一个郊区家庭有十几岁的孩子，那么，一成不变的是，他们有可能也会拥有自己的汽车。在富裕的区域，住房会拥有三个甚至四个车库，交通工具被停放在住宅里面或附近。对城镇法院的探访也揭示了父母为了附和青少年开车的常规而付出的代价。许多案例涉及了严重违反交通规定的年轻人，如超速驾驶。更令人不安的是那些十几岁的青少年因醉酒驾驶从而同时违反了数条不同的法律而被捕的事件。在美国，在相当长的时间里，车祸一直是郊区十几岁的青少年死亡的主要原因。

汽车在美国人的生活中变得如此重要，以致它们的使用已影响到了城市自身。同样的需要也出现在欧洲的许多地方，尤其是英国。光是记录我们的城市区域中有多少空间被投向了汽车，就是件非同寻常的事情。高速公路建设已将城市撕裂开来，它们常常将邻里街区分割成不同的部分，而这些部分随后变得相互隔绝，从而破坏了城市的社会结构。也许最好的例证是罗伯特·摩西（Robert Moses）的跨布朗克斯区高速公路的建造对于那一自治市日常生活的影响（参见 Berman，1988）。它在使人们开车从布朗克斯区的一端至另一端的旅行变得容易的同时，也将该自治市对分为两半而破坏了跨越布朗克斯区的社区。一个结果是，大量公寓因人们搬往其他地方以寻求更稳定的邻里街区而遭到弃置。多年以后，纽约城的这个地方仍旧饱受高速公路工程所造成的衰退之苦。在数十年经济衰退的消极影响下蹒跚而行的城市区域也以一种过分的方式变得对汽车更加依赖。通常来说，管理部门和规划者会批准毁掉市中心未得到充分利用的办公楼和商业建筑物，以修建停车场。有人认为，借助这种方式，通过使市中心变得对以汽车为导向的郊区居民更加友善，就可让他们返回市中心，其数量足以使城市经济得到复兴。光是想想许多城市已将多少空间投向了停车场，特别是那些一直处于衰退中的中等规模的城市，而与此同时，又毁掉了多少基本完好和可能已经修缮过的具有重要历史意义的建筑，就已经很不可思议了。

在政策层面，对汽车的强烈爱好已在许多英国城市终结。修建减速带、将已经很狭窄的街道变得更窄、重新给交通信号灯定相，都成了许多交通管理措施的组成部分。2002 年，伦敦新当选的市长引入了对进入伦敦 CBD 的车辆收费计划。提高的税收将用于改善公共交通，特别是增加公共汽车的数量。本书写作时的费率为 5 英镑（约 9 美元）。到目前为止，其影响已减少了约 30％的交通流量。然而，其威慑作用比预期的还要有力，所以没有收到那么多的税收来为更多的公共交通付费，而其对伦敦大都会区域的汽车拥有水平的总体影响也微乎其微。正如在美国的情况一样，住在英国城市外围郊区的人别无选择，因为缺少公共交通，他们只能使用汽车来进行日常活动，如上班和购物。

最后，重要的是要观察，行人经验对于一直居住在郊区的人而言到底有多么特殊。成为众多行人的一部分，身处有着共同的目标并以快乐的方式分享这种目标的陌生人中，是一种非同寻常之举。人们在前往主题公园时会体验到行人大众的快乐，譬如迪士尼乐园，在那里，人们必须放弃汽车，因为这是进入乐园的首要条件。徒步而行，从汽车里解放出来，由此而带来的享受通常不为人们所注意，但它的确存在。这种转换是如此有效，所以购物广场，甚至拉斯维加斯的娱乐场，都已打造了自己的内部空间，以再造城市景观。商业街上，纽约—纽约、巴黎、凯撒宫广场商店街、威尼斯人和百利大酒店，全都利用制造出的且具刺激性的徒步城市环境作为创造其主题并刺激赌博和购物的手段。在作为洛杉矶环球影城一部分的主题公园城市步行街参观时，也可以明显地感觉到因刺激、入场费和积极的监控而变得令人安心的城市吸引力。全国各地的其他主题性环境也使用了类似城市风格的刺激，以促进其自有品牌的商品消费。出于这个原因，城市在文化上将始终都很重要，这一事实在“新城市主义者”的哲学中得到了最强烈的意识，他们希望在一种更具人性和行人尺度的基础上重写美国郊区景观（参见“新城市主义”条目）。

对于许多欧洲人而言，“真实的”都市经验的吸引力在于城市的反面乌托邦的黑暗面：它们的社会下层，它们在善与恶、黑暗与光明之间妥协的文化。许多欧洲新城市主义者将除去这一意义，以再造一种想象中的、单一文化的市民文化，旨在仅供富人进行的炫耀性消费（参见“夜生活与城市夜间景观”条目）。

参考文献

Alonso, W. 1960. ‘A theory of urban rent’ *Papers and Proceedings of the Regional Science Association*, 6: 154～159.

Banham, R. 1963. *Theory and Design in the First Machine Age.*

London: Architectural Press.

Berman, Marshall, 1988. *All that is Solid Melts Into Air*. NY: Penguin Books.

Jacobs, Jane, 1961. *The Death and Life of Great American Cities*. NY: Random House.

Whyte, W. H. 1988. *City: Rediscovering the Center*. NY: Anchor Books.

规划——城市、郊区、大都会区域

最早的城市在发展过程中，大多数地区都有着混乱的街道系统和土地使用情况。企业和居民会按照土地拥有者的意愿落足于任何地方。不过，古代文明的确涉及到了规划形式。通常，建筑物都会根据属于人的宗教信仰的某种总体象征性计划来建造。在中世纪的欧洲和一些亚洲地区，建造城市时还要修建出于自我防御目的的有规划的防御工事。当资本主义工业化于19世纪先在欧洲、后在美国出现时，如何引导城市发展的新概念出现了，它们取代了出于宗教思维或防御的基本原理。19世纪一些最著名的观念致力于克服在资本主义制度下的工业城镇极其典型的污染病和公众健康危机。

19世纪重要的思想家之一是埃比尼泽·霍华德（Ebenezer Howard)。他认为，工业城市就是太大了，它已经失去了人类的尺度。他建议，采用新开发区遵循花园城市（garden city）方法，将工厂建筑与乡村生活融为一体。于是，花园城市便代表了最好的城市和乡村生活。霍华德的方法导致了新城镇（new town）运动在英格兰的出现，它的结果是，工厂中心结构位于大城市的外围。在美国，两个花园城市，纽约的长岛和加利福尼亚洛杉矶的鲍德温山（Baldwin Hills)，都是在20世纪初期阶段基于这种模式而建造的。

从历史上看，迈向现代城市规划的第一步，可以追溯到建立公民的某些权利可以在其中得到合法抑制的街区的实践活动。在欧洲中世纪晚期，屠宰牛的场地位于城镇外围，从而使其恶臭不会弥漫于城市之中。在18世纪的波士顿，贮藏火药的仓库所在的区段远离市中心，这是将不同的社会功能分置在不同的土地使用街区的最早的有记录的法案（Gallion and Eisner，1980）。早期的分区仅限于对那些要么会威胁公众安全的行业（如火药）、要么会令公众厌恶的行业（如屠宰场或洗衣作坊）的所在地加以控制。1876 年，加利福尼亚州规定："旧金山县可以将屠宰场、酒窖、皮毛加工点以及任何有'冒犯'感觉或对公众健康或舒适度有危害的行业或职业的安置调整到城市的某些部分。"慢慢地，通过各种法规，社区为了普遍的安宁而调控土地使用的权力变成了现有的法律。

根据加利恩和艾斯纳（Gallion and Eisner，1980：185）的说法：

> 分区史上最重要的法律判决之一是 1926 年的欧几里德案（Village of Euclid，Ohio v. Amber Realty Company，272 US 365）。美国最高法院法官萨瑟兰（Sutherland）在其判决中指出，每个社区都有权利和责任决定自己的性质，只要该决定不会干扰这一区域或国家的有序发展，它就是对政治权力的有效利用。

这一判决使人们清楚地了解到，对土地拥有自身权力的、与市政当局结合的社区可以通过分区限制来决定开发的性质。它们可以这样做的前提是，它们还能够在其所在区域内，赋予更大的区域以发展的机会。

在 20 世纪期间，分区技巧变得日益重要。现代主义的原则是：类似的活动落户于毗邻之地，制造和居住功能应当分离，在此基础上，分区会依照各原则来划分土地的使用。现代主义规划使用了一种将开发根据住宅、商业、工业和交通运输的功能引导至分离的空间的分区计划（参见"后现代和现代城市主义"条目）。一旦规划出台，剩下的就是让私有土地市场来吸引潜在的开发商。在美国，规划者只有权制定此类规划并提出引导根据分区调控的增长的建议。他们不能干预商业和人们利用位于自己的分区范畴之内的土地的方式。虽然公共官员有权根据土地使用法规批准或不批准提出的计划，但可以肯定的是，他们都会支持增长，因为它会对这一地区有利。事实上，许多法院都相信，它们得相互竞争，以吸引新的业务。结果，它们会在调控申请方面尽力变得慷慨大度。

美国的土地使用规划由地方政府办公室来执行：

> 在许多城市，雇佣的职员人数寥寥，委员会里也许没有一个固定的工作人员。于是，城市工程师或办事员就在很大程度上负起了规划之责。在大城市，通常有一名资深的工作人员。落在规划委员会的合法责任中的事宜是整体规划、分区条令和细分规则，但它也有正在发展的区域所需要的协调功能。一些大城市或郊区区域拥有独立的分区委员会，它可管理土地使用规则。（Gallion and Eisner，1980：192）

自治市的规划部门会根据 20 世纪 50 年代后制定的总体规划（master plans）来采取行动。这种综合的方法非常有必要，因为城市如果不考虑其所在区域中所发生的事，就不可能有所发展。规划者转而去收集具体的数据：有关现有土地的使用，以及到底可获得多少用于各种分区划分的空间——轻制造业、重工业、独栋家用住宅、多家庭住宅、停车场地、道路、公园和形形色色的公共财产。一旦完成报表，基于目前及预期需求的未来增长计划就会产生。这种方法叫做总体规划，它变成了美国自治市政府的一种可接受的实践活动。总体规划随后可与其他类似的区域开发计划合并在一起。

尽管形成了可用于监督和预测土地使用需求的综合技术，但美国的规划者们却无权去实现自己的规划。他们受到私有土地市场活动的限制。开发商和房地产投机者以能够绕过规划方案的障碍而著称于世。进一步而言，少有例外的是，促进城市与郊区间合作的区域性和综合性规划并不存在。简言之，大部分地区都输给了一心一意且狭隘地只关注增量的开发商。一个小小的例外会导致另一个例外，直至一个区域综合规划的基础遭到彻底侵蚀。出于这一原因，我们社会中一直存在大量深思熟虑的规划批评。人们越来越担心，协调增长的缺乏和区域扩张的问题已经形成了其他的方法。

在英国，对可持续住宅，即那些使用利于环境的材料的住宅的渴望遭到了私人开发商力量的挫败。规划者要求，私人住宅开发区应包括某种比例的社会住房以供重要的公共部门的工作者（如教师、护士等）来居住，但这些要求很少得到满足，而即使有所满足，也只会处于边缘地带。在过热的私有住房市场中，开发商可能会渐渐破坏这些压力。此外，私人开发商和投机者已建起了大型的土地银行，可在增长周期的适当时机加以使用。因此，英国的情况与美国相似，增长的利益总是有门路要求规划使开发过程合理化，接着，与此同时，绕开规划的限制，以便通过违反计划的某些方面来赢利（亦可参见“扩张”、“可持续城市化”条目）。

规划批评

20 世纪 80 年代，安东尼·唐斯（Anthony Downs）发表了一系列的规划批评论著。唐斯致力于回归埃比尼泽·霍华德和平衡的城市化的观念。然而，他并没有聚焦于“花园城市”的概念，而是痴迷于理想化的西欧城镇的积极方面。尤为特别的是，他直言不讳地对郊区大加攻伐。在唐斯看来，居住在独栋住宅中和依赖私家车的常规必须被废除。他进一步呼吁用一种可整合城市和郊区需求的管理结构，即地区政府，来取代我们现有的独立的市政当局。

为了取代目前的生活和工作安排，唐斯转向了其欧洲城市模式的理想化版本：

它拥有这样的特征：高密度的住宅区，高密度的工作场所，

> 可阻止边缘扩张的限制严格的土地使用模式，得到大力补贴的公共运转系统的大规模使用。只有在一个可将每个大都会区域内的土地使用模式的管理权集中在有权管理整个区域的单一政体的管理系统之下，这些特性才有可能实现。(Downs，2003：256)

简言之，唐斯在谈及美国的情况时开出的处方，立即导致了著名的两难困境。少有例外地，地方政府历来拒绝为了给地区管理腾出空间而交出任何权力。这在控制土地使用管控方面尤其如此，因为那正是给地方政府带来税收的权力。尽管自 20 世纪 70 年代以来，地方当局的权力已被历届英国政府所削弱，但与美国的情况相反，成熟的地区政府和适当的征税权力在英国未得到充分的发展。这部分是英国人对联邦制的恐惧所带来的结果，部分则是抵抗规划的结果。成立时间相对较近的地区发展局（Regional Development Agencies，RDAs）现在是个以商业为主导的组织，其功能是在政府规划地区于地区层面上协调经济的发展。不过，有人对此局面存有异议。全国雇主组织（英国工业联合会、董事会）声称，目前的规划体系正在破坏英国商业的竞争性。结果便有了这样的压力，要求去除规划系统的控制权，而将 RDAs 的权力从协调增加到具有完全的合法权力。

尽管欧洲具有公开支持城市规划的历史记录，但还是一直存在另一种压力，要求转向由私人来主导开发的更加“美国化的方式”，以加强经济竞争力。例如，美国经济学家罗伯特·戈登举例说明，与欧洲经济相比，美国的生产力表现方面的差异产生在三个阶段：批发、零售和金融服务。他声称，如果欧洲的规划控制放松一些，那么允许在郊区购物广场兴建沃尔玛所带来的好处就会增加生产力（Gordon，2003）。欧洲社会也许不希望作出这种似乎已经掠过了戈登脑袋的选择。

规划批评的另一源泉随着新城市主义者（参见“新城市主义”条目）的产生而于 20 世纪 90 年代显现。他们首先考虑的是，反对区域扩张模式，而致力于回归更具人类尺度的居住空间。两位大声疾呼倡导这种新方法的建筑师，彼得·考尔索普（Peter Calthorpe）和威廉·富尔顿（William Fulton），近期制定了一项可提供另一种扩张选择的规划：

> 城市规划最适当的规模是什么？家？街道？邻里街区？城市？还是整个大都会区域？这些作者认为，经过规划的环境的每个元素都会彼此互动，赞同新城市主义概念的规划者应当遵循一种全盘的、生态学的方法，使邻里街区的内部尺度与地区的大都会尺度协调一致。（Calthorpe and Fulton，2001）

因此，他们的观点是对作为多中心大都会区域的聚落空间这一概念的补充。事实上，他们已呼吁在行将建设的区域中的住宅开发区建造比现在密度更高的住宅区，然后用绿化带将其环绕起来。这些迷你中心将类似于花园城市，将服务和轻工制造功能混合起来，使人们可以使用备用的交通工具。

在这一点上，考尔索普和富尔顿声称，他们反对诸如分区条例之类的现代主义规划原则。他们不再认为有必要对社会功能进行严格的区分，而是认为，当代“后工业”社会拥有清洁工和不那么莽撞的生产模式，因而，它们能够在靠近住宅中心的地方落户。

正如在唐斯提议的案例中一样，考尔索普和富尔顿提出的混合使用地区发展的观点也需要大规模的和全新的地方区域控制状态：“一个地区可以被‘设计’的想法是地区城市的核心所在。”他们呼吁“中央政府部门发挥积极作用，尤其是在转运系统、开放空间和发展基金的提供方面”（Calthorpe and Fulton，2001）。但在这里，他们将“地区”构想得非常具体。这是一种单体的观点，未能理解多中心其实意味着灵活性和功能差异。他们假设，不同的中心可以被轻而易举地聚合起来，所有地区功能都能够具体化。这种概念在那些眼光未超越仅从物理主义派的角度去思考问题而导致谬误的规划家中间非常典型。

考尔索普和富尔顿对景观的设想源于现有的规划条例。他们批评当前规划形式的方式是，坚持认为这些规划都是过时的，是基于现代主义的。他们未能解释房地产市场和政府计划两者何以都导致了区域的扩张。他们如此痴迷于规划专业的权力，甚至在考虑到其重大的失败时，也未能看出规划和条例为何被房地产开发不断地绕开，而郊区化看上去就像是因为一连好几代的联邦政府为拥有自用住房和高速公路的建设提供补贴所造成的似的。

在资本主义的政治和经济制度如此强大的时候，规划者真能够有所作为吗？美国的规划失败不仅是因为房地产市场的力量，而且也关乎郊区和城市政府为保持其对土地的控制而作出的巨大投入。规划者之所以没权，是因为地方政府不会让他们拥有权力，他们仅保有建议的能力。这本应是民主的反映，因为它暗示了专家不应当对我们的景观应当是个什么样子具有最终决定权。但是，实际上，这种安排为他们享有并怀着极大的兴趣加以利用的特殊利益留出了缺口。就连规划者的建议角色也因而遭到了颠覆。欧洲的处境类似于一位英国规划作家所注意到的那样：

> 可是，地方规划过程不是允许所有参与者都有成功的公平机会的平等局面。相反，它是种高度政治化的活动，受到各种政策过程的控制，其中的每一个过程也许都较其他过程更适合特殊利益。（Adams，1994：177）

这种事态并不意味着，在美国和世界其他地方，没有任何规划得以实施。每天都有相当多的设计和对分区条例的坚持在发生。规划机构不断致力于尽其所能地控制增长，其方法是对增长加以监督，并为地方政府提供建议和推荐意见。分区本身始终是种强有力的工具，通常仍然能够减少给环境带来危害的事物的消极影响。

新城市主义者之类的批评者为人们提供了有关如何使这一过程变得更好的想法。这在当今尤其重要，现在，我们正在经历区域扩张的消极影响。另一种被称为“群策群力的城市规划”（advocacy planning）的方法也触手可及（参见“城市政治与郊区政治”条目）。它提出，规划者要与当地市民密切合作以影响变化。通过鼓励参与和传播有关增长及其影响的正确信息，群策群力的规划者可以获得相关市民的支持，这种支持继而会使他们的价值观变为政治影响力。新城市主义者以及他们的集体讨论对话活动寻求的是当地市民参与的相同刺激作用。这一基本观念是见多识广的大众将会选择的想法，以便获得更好的规划，并给政府施加改善环境的压力。这是规划可以实现的最终结果，假如我们让它去实现的话。

参考文献

Adams, D. 1994. *Urban Planning and the Development Process*. London: UCL Press.

Calthorpe, P. and W. Fulton 2001. *The Regional City: Planning for the End of Sprawl*. Washington, DC: Island Press.

Downs, A. 2003. 'The Need for a New Vision for the Development of Large US Metropolitan Areas' in R. LeGates, and F. Stout (eds) *The City Reader*. London: Routledge. pp. 256～266.

Gallion, A. and S. Eisner 1980. *The Urban Pattern: City Planning and Design*. NY: D. Van Nostrand.

Gordon, R. 2003. 'Five Puzzles in the Behavior of Productivity, Investment and Innovation' Unpublished paper, Department of Economics, Northwestern University.

后现代和现代城市主义

“后现代城市”以及与之相关的“后现代城市主义”（postmodern urbanism）的概念已经声势微弱，尽管后现代这个词以及它针对一种建筑类型的更具体的适用性十分流行。声称一种后现代观的城市学家只是将现世的观察转换成了他们自己的特殊语言，有时，这些语言只是呆头呆脑的新语，有时，指的是也许格格不入的特殊的后现代概念。例如，难道真的有必要跟艾德·苏贾（Ed Soja）一起去观察发现位于洛杉矶市中心的高层建筑提供的一种全景式的凝视？利用“全景式的”这个词，就可以使洛杉矶以一种其他拥有高层建筑的城市所没有的方式变成一座“后现代城市”了吗？“全景的”概念用得对吗？站在这个屋顶上就能看到类似于由边沁设计、又被福柯所详细阐释的监控工具吗？那么，站在帝国大厦和其他摩天大楼楼顶上的为什么只有游客而非警察？

在罗伯特·莱克（Robert Lake，1999）看来，一些洛杉矶地理学家竭力使那座城市具有“后现代”特征的努力反而证明了这个概念可能毫无意义：

> 这些新词不仅模拟的是现代主义者的外在视角，而且实际上还减少了当事人对单纯的讽刺所感到的震动。他们的新语（多余劳工阶级，荷斯坦化）引发的联想是，城市居民是牛、头脑麻木的奴隶，没有能力改变、改善或控制其生活……“后现代城市主义”也许揭示了后现代主义的失败，或者，它只是未将后现代主

义做好的一个实例。它们远未成功地发挥其意图成为的具有刺激性的假想发生器的作用……只不过提供了卡通式的概括，也许创建了城市分析中的 R. Crumb school 学派。

撇开这些批评暂且不谈，任何希望在城市语境中对现代主义和后现代主义加以比较的分析所提出的关键问题，都不是声称某个完整的城市或区域是现代或后现代的，而是要去讨论现代主义或后现代主义的方面如何在空间中得到体现。

在我们能够讨论“后现代主义的城市主义”之前，有必要思考一下“现代主义”观念与城市所在地有何干系。

现代主义

当资本主义工业化于19世纪改变了城市时，人们开始谈论“现代主义”（modernism），即技术、民主、建筑、消费和城市生活的清晰表达。一方面是人的社会转型，这些人从农村地区移民至城市，占据了密集的住宅街区，接受了工人阶级这一等级（参见“城市化与城市主义”、“过度城市化”条目）。另一方面是“高端文化”，即艺术、歌剧、戏剧、写作甚至烹饪和时尚，在几个大城市变得中心化的方式，首先是西欧，如巴黎和维也纳这样的城市，然后，在非常迟的时候，是纽约、柏林、莫斯科、圣彼得堡、伦敦和墨西哥城。这种文化的“精英的”或分级的排序是现代主义观念最为典型的特征，它还认为，通过住在精心选择的“文化之都”，如巴黎，人们就可以参与到现代生活中去。

至于具体到城市主义这个方面，现代主义的典范是由建筑师和规划师在20世纪的两次世界大战之间所发起的一场运动。法国建筑师勒·柯布西耶（Le Corbusier）和德国建筑师沃尔特·格罗佩斯（Walter Gropius）、密斯·凡·德罗（Mies van der Rohe）建立了一个系统的设计学派，名为国际风格（International Style），它从建筑物上擦去了所有地方文化特性和所有不必要的表面元素。取而代之的是，他们构想了几何形式的建筑，特别是矩形，它要使用最新的供暖、照明和建筑材料技术。进而，他们的设计根据现代主义规划原则被放入了新的土地使用模式中，这些规划原则强调要将类似的功能分区在独立的街区，强调运输走廊（更青睐汽车而非公共交通工具，而人行街道不受鼓励），更偏爱被开放空间环绕的高层摩天大楼建筑。这种国际风格风靡一时，在1940年以后，实际上每座有空地盖大楼的城市都建造了这些单体的摩天大楼，尤其是在市中心街区，而分区变成了各地城市规划师的关键工具。这个传奇还有另一方面。现代主义最遭忽视的影响之一是大都会在解释全球化时所扮演的角色。英国的文学和文化理论家雷蒙德·威廉斯（Raymond Williams，1989）借助于城市化的介质描述了现代性、大都会和全球化之间的关系；安东尼·吉登斯（Anthony Giddens）则声称，全球化是现代性的激进化过程（参见“全球化”条目）。

后现代主义

毫无疑问，正如查尔斯·詹克斯（Charles Jenks）所描绘的那样，后现代主义（postmodernism）时代是作为对现代主义建筑的批评在20世纪70年代被引入的，尽管这个术语的出现要早很多。正如戴维·哈维（1989）所说的那样，当勒·柯布西耶启发下的圣路易斯的普鲁特艾格（Pruit-Igoe）因其社会的失败而于20世纪70年代被拆除时，现代主义建筑意识形态的时代也就走向了终结。从那时起，国际风格遭到了致力于将自己从那一学派的严格规定中解放出来的天才建筑师们的严厉批评。美国的迈克尔·格雷夫斯（Michael Graves）和弗兰克·格里（Frank Gehry），以及欧洲的雷姆·库哈斯（Rem Koolhaus）和诺曼·福斯特（Norman Foster），是一种变成了“后现代”的新风格的拥趸。他们的建筑以这样或那样的方式抛弃了对现代主义几何学的尖锐边缘的盲从和固守，代之以流动的设计，包括回归外部装饰。来自许多特定文化的影响也重新被引为设计元素。城市的市中心区段不再是矩形摩天大楼构成的天际线，其建筑开始拥有带尖端的、三角形的或多面体的屋顶，建筑物外表有了更多的装饰，具有重装了其标志性的矩形的爆炸性的或解构主义的特征。

现代城市规划也遭到了主要来自新城市主义者（参见“新城市主义”条目）的攻击。这一学派的追随者说，目前建立在分区的现代主义原则基础上的城市和郊区的土地使用规划已经过时。社会功能的空间隔离、郊区人行道的消失、市中心街道网格，全都是国际学派方法的构成元素，而且始终是它的主要遗产。新城市主义者取而代之的是，致力于整合以前被隔离的和专门化了的地方。他们把城市生活构想为发散在以行人为导向的邻里街区内部，这些邻里街区位于易于获得充分服务的街区，而这些街区又进而与更加依赖公共交通工具而非私家车的交通走廊相联（参见“新城市主义”条目）。这一风格的倡导者是绝决的反现代主义者，因为他们相信，社会应当回归到一种更“人性”的环境尺度，住房的传统设计因素，如门廊和宜于行人的人行道，使人们得以相互交际，从而加强他们的本地社群的力量。

其他批评家指出了过去的城市以及时下作为从现代主义向后现代主义转变的典范城市之间在民族居住模式方面的差异。在保罗·德拉尼（Paul Delany，1994）看来，就位于加拿大大不列颠哥伦比亚省的温哥华而言，新模式是去中心化的和多文化的，而不是密集地住在一起，在种族上相对更具同质性。在描述这种变化时，德拉尼禁不住使用了后现代主义者的一些令人厌恶的新词汇：

> 老模式拥有在差异方面具有同质性的邻里街区。新模式具有将许多种族文化相混合的杂交性（hybridization）和跨文化性（transcultural）。从住宅来看，种族群体高度分散，邻里街区之间

没有明显的分界线；（在温哥华）市议员的代表全州的选举阻止了在像芝加哥和纽约这样的老城市中非常典型的种族经纪人政治。（Delany，1994）

一些观察者已聚焦于主题环境和模拟环境的创建，将之作为例证来说明城市和地区内部的后现代主义的关键方面（Gottdiener，et al.，1999；Gottdiener，2001）。拉斯维加斯尤其因这些属性而被挑选出来。"你也许会说，拉斯维加斯已将自己同时转变成了一个荒唐之城和一个模拟之城（www. transparencynow. com/vegas，2003）。"拉斯维加斯那些属于后现代的其他方面包括一种基于大规模娱乐场赌博的经济基础的存在，它与现代主义时期典型的基于产生价值的活动的经济正相反，事实上，它像基于旅游目的地的机场一样成功。虽然拉斯维加斯地区只有 150 万常驻居民，可它的机场每年会接待 2 000 万游客。这些游客几乎无一例外地是被娱乐场赌博和提供赌博的特殊主题度假地吸引到这个区域来的。

现在，在全美国以及其他地方，许多其他的城市区域正在表现出也许可划归后现代的方面。在欧洲之类的地方，种族多样性越来越取代了曾经同质的城市。娱乐场赌博和主题或模拟，都在地方经济和景观中变成了更加常见的元素。大众媒体和互联网已经改变了文化，使各地的人都更易接触到它。然而，最为重要的是这样一种观察：与那些声称存在一种新"后现代城市主义"的城市学家不同，城市和地区实际上包含了现代和后现代两方面的元素，它们在使用、设计和景色方面混合在了一起。赋予了当今城市区域以特色的，正是现代主义的特异意识形态的这个交叉方面。在艺术中、在居于统治地位的社会阶层中、在大众文化和娱乐模式中的文化等级制度的崩溃，也在互联网上创造了一种不再是现代主义的文化"逻辑"。

假如某些观察者选择将此称为"后现代主义"的新混合，那也是十分适宜的。然而，几位城市学家所谓的这个或那个城市是"后现代主义”的地区典范的言论不可能无懈可击。进而，令许多欧洲学者垂头丧气的是后现代主义借以变成了一个描述这个始终未得到清晰理解过程的包罗万象的术语方式。这其中的许多过程是当前在其后果中仍未充分形成的社会动态和增长的结果。通过宣称我们忽然拥有了这种或那种资本主义的“新”配置或“新”定相的方式，知性的相对主义及其由此而生的惰性便可以得到辩护。例如，针对洛杉矶城市主义进行写作的迈克·戴维斯（Mike Davis）描述了这样一种努力：在与19世纪巴黎的大师级规划师和建筑师奥斯曼男爵（Baron Haussmann）作比较时，将博纳旺蒂尔酒店（the Bonaventure Hotel）充作后现代话语的一部分：

> 在我看来，这一在无拘无束的金融力量和奥斯曼式的社会控制逻辑的激发下形成的深刻的城市推动力构成了真正的后现代主义的“时代精神”（Zeitgeist）。然而，与此同时，它也揭示了“后现代主义”——至少是在其建筑化身和敏感性中——不过是一体化了的现代主义的衰落比喻，一种与里根主义和城市改革之终结相关的同情之物。（Davis，1988：87）

此处，像在戴维斯和其他人著作中的其他地方一样，后现代主义的概念在一种“莽撞行事”的写作风格中得以利用，这种写作方式根本不考虑历史的或理论的特殊性。19世纪和21世纪在上述引文中被合并到一起，正如封建主义和先进的工业资本主义的经济社会格局被合并起来那样。

参考文献

Davis，M. 1988. ‘Urban Renaissance and the Spirit of Postmodernism’ in E. Kaplan（ed.）*Postmodernism and its Discontents*. London:

Verso. pp. 79～87.

Delany, Paul (ed.) 1994. 'Vancouver: Representing the Postmodern City' Vancouver: Arsenal Pulp Press. www. sfu. ca/～delaney/pomointro1. html accessed 6 July 2003.

Giddens, A. 1990. *The Consequences of Modernity*. Cambridge: Polity.

Gottdiener, M. et al. 1999. *Las Vegas: The Social Production of an All American City*. Oxford, UK: Blackwell.

Gottdiener, M. 2001. *The Theming of America, 2nd Edition*. Boulder, CO: Westview Press.

Harvey, D. 1989. *The Condition of Postmodernity*. Oxford, UK: Blackwell.

Lake, Robert, 1999. 'Postmodern Urbanism' *Urban Geography*, 20 (5): 393～395.

www. transparencynow. com/vegas. htm, accessed 6 January 2003.

Williams, R. 1989. *The Politics of Modernism*. London: Verso.

保　护

保护（preservation）问题对城市和正在经历全球化的发展中国家已变得越来越重要。它包括各种各样不同的情况，其中的一个共同之处在于，大家都渴望保护建成环境的历史/文化重要性不遭受破坏、拆除、再开发、社会剧变和漠然相待。

都市场景中的保护

大都会区域的建成环境也是建筑结构的历史储存处，代表着不可替代的文化遗产。通常情况下，城市会通过拆除“老”建筑从而为新项目提供空地的方式来吸引新的投资，目的是让自己得到开发和修复，特别是在令人不安的萧条阶段之后。这种“创造性毁灭”是资本主义土地市场（参见“房地产”条目）条件下房地产的一个方面。在某些城市，未得到充分利用的老建筑之所以被拆除，只是为了提供停车空间，以吸引郊区居民到市中心来。纽约的水牛城在1960年的某一周，拆毁了弗雷德里克·拉金（Frederick Larkin）办公大楼，就是为了起到这种作用。该楼恰巧是最著名和最具影响力的美国建筑师弗兰克·劳埃德·怀特（Frank Lloyd Wright）设计的。拉金办公大楼是怀特建造的唯一一幢办公大楼。它一旦被拆，便永远消失了。正是因为这样的回顾性认知，再加上人们越来越认识到过去的建筑工程作为社会遗产的珍贵性，才使得城市内的保护问题变得如此重要。

在安东尼·通（Anthony Tung）看来：

> 造成城市抹去其自身遗产的普遍因素是更美好的未来的诱惑。伴随着工业化，一种非同寻常的全球现象应运而生：在20世纪期间，世界各地处于不同的发展阶段、具有不同的历史文化特质的城市，都受到现代化的诱惑，打着多少有些幻想的未来的旗号，开始了我们今天也许可描述为抹杀建筑遗产的全球性潮流的做法。国际专家估计，在100年间，有大约50%的人类历史文化遗产被清除。 （引自‘In the Cause of Architecture：Interview with Anthony Tung’www. archrecord. com，2003：1）

他将20世纪的城市发展称为一种“文化毁灭”，像他这样的保护专家未能认识到资本主义房地产逻辑是如何发挥作用以削弱归于标志性建筑的社会价值的。他是现代主义意识形态的批判者（参见“后现代和现代城市主义”条目），但不是资本主义房地产市场的批判者。正如他所说的：“我们能够将城市环境设想为多元的而非断裂的和反复无常的吗？我们能够发明一种既是现代生活真实的文化表达却又带着尊重和礼貌与过去的建筑相联系的当代建筑吗？我认为出现了一个建筑规划的伦理问题：我们怎么在不从事破坏活动的同时来建造提高生活质量的新环境？”（2003：1）

因为保护主义与赚取利润的动机和城市土地的循环使用相冲突，所以它需要政府的支持，甚至是赞助，以及对私有市场的干预。1966年，美国国会通过了国家历史保护法（Public Law，89-665），赋予下级政府和美国土著部落在保护环境中具有“社会”意义方面的合法权力。资源被导向“财政和技术方面的辅助”、恢复行动的领导权的提供、为联邦所有历史景观的管理、非公共所有的地方的文化价值指南。进而，在内政部长的领导下，将为部分国家遗产编制国家历史名胜名录并加以管理。符合法案原则的资产被指定为“国家历史文物”，在公共基金的帮助下得到保护。

1996年，联邦政府出台了13006号美国总统行政命令《将联邦设施分配给我们国家的中心城市的历史资产》（*Locating Federal Facilities on Historic Properties in Our Nation's Central Cities*），这使保护的努力得到提升。它命令政府机构在任何可能的时候都要使用地标设施，从而引导资源持续不衰。促进现已存在的结构的更新和使用，而非为了建造“新”东西而清除“老”建筑，这是保护努力的根本。

全球案例

世界各地的城市都有保护和维持建成环境的特殊需求，因为几乎在所有案例中，它们都位于具有体现在建筑中的悠久历史的区域。面对经济发展的需要，对于那些正在被迫现代化、却又不想失去其文化和历史遗产的第三世界国家，保护变得十分重要。保护对于历史悠久的发达国家而言也十分重要。通常来说，国家的首位城市，如泰国的曼谷和芬兰的赫尔辛基，也是国家遗产的集中地。正如美国一样，这些地方所面临的挑战是鉴别那些最具保护价值的结构，同时也推动别具一格的新项目的建造。这项任务对美国来说多少要容易些，因为相比于世界上那些已存在了上千年的地区，它的创建历史相对较短。

一旦保护权被授予地方政府，保护通常都会通过市政规划来得以完成。那些值得关注的结构必须以民主的方式得以鉴定，这样一来，市民的参与，就像当地的历史学家和规划者的参与一样，变得非常重要。正如来自丹麦哥本哈根的规划资料所说：

> 城市保护的兴趣不只聚焦于单个建筑，而且越来越聚焦于整体的城市环境和城市景观。这也许会涉及可形成具有一种个性鲜明的建筑风格和共同特色的整体的综合开发。或者，它也许是具有极高保护价值的单个建筑的总汇。它也可能是合起来共同形成鲜明特色的建筑。（‘Urban Preservation’ 2003）

德洛丽丝·海登（1995）的论著扩展了历史保护的定义，倡导将遗产的概念加以扩大，将公共艺术、空间竞争，尤其来自少数民族和性别化了的社群代表的多种多样的观念的囊括、景观与公众记忆间的关系都包括在内。在“保护什么建筑”这一首要问题之上，海登又加了一个问题：“应当保护谁的历史?”以此来倡导历史保护运动中的多样性。从这个角度出发，市民群体对维护城市环境过程的参与就变成了一种关键因素。

然而，相比于决定“世界遗产”所在的联合国教科文组织（UNESCO）的努力所提出的全球性问题而言，海登的论著是微不足道的。世界遗产地不只是指在国家内部得到保护之所在，而且是位于指定“文化之都”的更为近期的计划之下的城市本身。海登鼓吹应当允许政治问题成为保护/遗产方程式的组成部分，而在看待来自UNESCO的世界遗产的政治化问题时，其宣称的积极方面便变成了混合利益。一个关键的问题涉及指派给那些决定着值得获得遗产指定的地方的价值的全球化。实际上，这些判断最常代表着属于联合国的拥有强大政治力量的行动者的利益，这其中既包括具有霸权地位的西方国家，也包括那些像沙特阿拉伯这样较不发达的国家。地方的和弱势的观点不为联合国的活动所知，其最常见的原因是，UNESCO对它们视而不见。进一步而言，UNESCO的“文化之都”计划一向得到城市促进游览胜地发展做法的增援，促进了消费主义和旅游业，其代价是将过去修复为继而被商品化了的怀旧形式的当地文化自身（Munansinghe，1998）。怀旧和过去的主题性版本的商品化也是那些代表了像弗吉尼亚的威廉斯堡这样的历史名胜之地的特征。

保护主义运动所提出的关键问题涉及随后会决定哪个地方值得保护的价值观的清晰表达。大体上看，人们还没有认识到价值的多样化标准和差异，而如果意识到了这一点，就将赋予弱势的、更加地方化的文化利益以权力。在滕布里奇和阿什沃思（Tunbridge and Ashworth，1995）看来，这个问题与“遗产的失谐”有关。在许多情况下，这些价值观表达的是拥有霸权地位的西方文化的标准。支持它们的还有消费主义和对地方的促销，其程度甚至使一位观察者将保护主义运动称为“遗产产业”（Hewison，1987）。此外，遗产的商品化也可见于“老派的”房屋布置和建筑元素的商业再生产，如打着怀旧旗号的门和窗。

也许被全球保护主义努力具体化了的价值困境的最好的、也是最早的例证之一，是 1964 年的“威尼斯宪章”（Venice Charter）及其影响。

“威尼斯宪章”旨在为那些正面临革新和再开发的欧洲城市中的历史场所提供保护，因而它赋予了一种西方文明的建筑典型以特权，即赋予在欧洲审美观看来具有建筑上重大意义的纪念碑结构以特权。因聚焦于个体建筑，内部的城市空间，尤其是具有历史意义的地方，以及由街道本身构成的活跃的邻里街区文化全都遭到忽视（Appleyard，1979）。此后在西方不同地方的全球会议上起草的“宪章”扩大了文化价值的定义，但保留了有关审美价值的欧洲观念，一些所谓的边缘国家，如斯里兰卡和柬埔寨，现在正在竭力反对这种观念。事实上，这些地区的地方保护利益必须既反对联合国的计划，也反对第一世界的计划，这就使得这样的努力举步维艰。例如，尽管存在这样的国际监督，但就在 UNESCO 还在世界的那一地区积极活动之时，阿富汗的极端穆斯林分子还是能够于 20 世纪 90 年代破坏了有千年历史的巨型佛陀石刻。一旦遭到毁坏，这样世界级文化的无价体现就再也不可能得到恢复。

参考文献

Appleyard，D.（ed.）1979. *The Conservation of European Cities*. Cambridge：MIT Press.

Hayden, D. 1995. *The Power of Place*. Cambridge: MIT Press.

Hewison, R. 1987, *The Heritage Industry*. London: Methuen.

'In the Cause of Architecture: Interview with Anthony Tung' 2003. www. archrecord. com, accessed 7 July 2003.

Munansinghe, H. 1998. *Urban Conservation and City Life*. Oulu, Finland: Oulu University Press.

Tunbridge, J. and G. Ashworth 1995. *Dissonant Heritage: The Management of Past as a Resource in Conflict*. NY and London: J. Wiley & Sons.

'Urban Preservation' www. urbanpreservation. org accessed 20 July 2003.

房地产

土地的买卖，无论其开发与否，都是空间生产的重要力量（Lefebvre，1991；Gottdiener，1994）。资本主义将其赚取利润的关系扩展到了土地拥有权及其将这一资源转变为“房地产”（real estate）的市场。农业用地是种自然资源，它的价值取决于那块土地在生产有用的产品方面是如何富有成效。相反，城市土地的价值完全被包含在其位置属性之中。与农用土地不同，它没有什么内在价值，除非它有社会活动有可能在那里发生的潜力。结果，城市土地部分是通过社会来获得自己的价值，它的价值依赖于集体性。例如，有可能出现这样的情况：购买一块位于城市或郊区的地产，在其他地产被开发时，就把它捂在手里，然后在根本不进行任何改观的情况下以高于购买时的价格将它售出。所获得的更高的价钱就是在相邻区域中的集体社会活动的产物。房地产只是具有这种特性的几种精选商品中的一种，这些特性要通过资本主义土地市场关系的扩展才有可能获得。黄金和钻石与此类似，它们在不用其拥有者作出任何明显努力的情况下，就会得到价值的提升，像土地一样，如果市场衰退的话，它们也可能贬值。其他商品，譬如新汽车，在它们被购买的那一瞬间就在贬值。

例如，当个人购买郊区住房时，地产的价值主要在于住房而不在于土地，尽管后者可以在取决于环境的总体成本中的一个重要的小方面被估价。不过，这一处地产的价值在很大程度上要依靠邻里们对自己地产价值的维护程度。假如周边区域的住房出于某种原因跌价了或变得不具有吸引力了，那么郊区开发区中的所有地产都会受到影响。

当一个人在市中心购买了一套独立产权公寓时，他/她根本不是在专门购买土地，而只是在买那个公寓大厦（公寓楼群）的被商品化了的安身之处。土地为所有公寓居民集体拥有，所以他们全都有维护它的责任。总之，在资本主义地产自由市场条件下，就连已开发的房地产，而不光是土地本身，也包含在它的估价之中，其比例与他人的集体行为直接相关。

大都会房地产价值的集体元素在资本主义社会被私人据为已有。这是资本主义制度的一个基本矛盾。当然，通过我们的市政税收体系，这些价值中的一些被集体性质的商品重新获得。财产税是资本主义社会中许多学校系统得到财政拨款的主要途径。房地产税也有助于提供大都会服务。然而，针对土地价值的征税在作为公共财政手段方面却十分有限，这完全是因为在资本主义社会中，有太多的人反对这一想法。就连独栋家用住房的拥有者在卖房的时刻到来时，也致力于从其住房的拥有权中获取利润。结果，大都会房地产的集体价值的私人征用便导致了地方政府永久性的财政危机，因为后者没有足够强大的财政工具来使人们为集体环境的维护付费（参见“财政危机”条目）。在资本主义社会，财产拥有者与地方政府之间的关系总是相当紧张。前者致力于尽其所能地保持其房地产价值的提升，而后者致力于增加价值的税收，以便通过维护和促进环境的方式来推进这一公共商品。虽然它的主观意愿是让所有市民都来支持这个意义上的公共环境，但与财产中的利润赚取联系在一起的私人利益战胜这些显而易见的集体考虑，正是资本主义的一种矛盾。个人房地产拥有者痛恨财产税。

资本主义制度下的房地产既有结构性力量，也拥有当事者的不同形式，它们结合起来使房地产成为影响大都会区域状况的最强有力的因素。当事者的各个方面，如房地产经纪人的行为，很易为大多数人看到和理解，但结构维度显然也很重要，正如发达资本主义制度的所有其他方面那样，不过要理解它就要困难许多。法国哲学家亨利·列斐伏尔（Henri Lefebvre，1991）已经撰写了最为重要的著作，用以理解作为先进资本主义制度中社会结构元素的房地产的重要意义。我们的经济体系取决于拥有自己的高低起伏的投资流。在这个导致社会和个人问题的循环的两端，都会形成危机。在列斐伏尔看来，土地投资是不同于工业和商品投资结构的独立结构。进而它的行为也不同于导向繁荣和萧条的独立投资循环的做法。大多数投资都是在工业部门，即列斐伏尔所谓的“初级资本回路”（primary circuit of capital）。当人们寻求其他的赚钱手段时，他们就会投资房地产，即“次级资本回路”（second circuit of capital）。列斐伏尔认为，由于这两个回路略微有些不同步，所以进入房地产的货币流转就变得十分重要，因为它代表了不易转变为流动资产的土地开发。

这种次级回路会在两个特殊的方面影响资本主义。首先，在第一回路衰落期间，货币会转向次级回路。这表现为土地的过度开发和对于环境有决定作用的投机；其次，当第一回路即将复兴之时，货币却不能作出这么快的反应，因为投资在建成环境中的货币不易回收为现金。最终，当这种情况确实发生时，房地产价值就会暴跌，并且，因为相互间的关联，依赖财产税的市政和大都会税收也会应声下跌。简言之，房地产投资的结构方面对理解资本主义制度下的建成环境的不均衡发展和问题来说十分重要。这些过程包括土地既是导致了建成环境之生产的固定资本的形式，又是导致了一系列源于租赁和建成环境的资本价值变化的资金流动的流动资本的方式。因此，土地是资本的一个特殊而具多面性的部分，因为从封建时代起，它的使用和开发就包括了许多剩余元素。在当代语境下，我们发现，英国和美国的大部分个人财富持有都在住房中，两国有超过95%的财富被房地产所占据。

当事者形式在理解房地产市场及其空间效应方面也十分重要。在财富的生产方面，至少有六个不同种类的行动者。

投机者——他们购买土地，期望在不对它进行任何提升的情况下增加其价值。由于前文有所讨论的城市土地价值的集体性质，当事者的所有其他分类中也含有投机元素。

开发商——他们购买房地产，然后建造供售卖的建成环境的各个方面，如房屋、工厂、办公楼、零售商店、小型购物广场和大型购物广场。有时，开发商也会保留拥有权，出租地产，正如在购物广场的例子中那样，但他们最常做的，就是卖掉他们的工程，转向另一块投机或开发时机已经成熟的大都会空地。

房屋业主——他们通过购买独栋住房、多住户住房或公寓的方式来获得安身之处，这些住房也可被持有，以在将来赚取财产价值。

地方政客——他们也许不会自己拥有本地地产，但他们在其开发方面表现十分积极，因为城市财政严重依赖房地产税。不幸的是，来自土地开发商的竞选经费也是地方政客获得竞选或留任的金钱的首要途径。

大公司——这些公司与地方个体的联系最少，却通常是最强有力的当事者形式。决定向一个区位进行投资，并花钱去资助土地开发，使之成为工厂、市场中心、办公楼或各种消费折扣店的任何一种形式（如仓储式百货商店）的，正是公司。它们可能会与本地开发商密切合作，或者，可能拥有专攻土地开发和建造的内部人员。无论怎样，它们投资或撤资（如通过关闭一家工厂）的行动，都会对地方区域产生巨大影响。

银行和其他金融渠道——这一大的类目像前一个一样重要。房地产私有市场的命脉取决于允许货币以投资和/或购买的形式流进和流出市场的渠道。在许多发达资本主义社会，金融部门得到了如此巨大的发展，所以投资房地产的方式多种多样。赚取利润的渠道的这一部分在资本主义社会十分典型，而它的管控则十分困难。有抵押贷款公司、房地产信托公司、控股公司、债券、次级抵押贷款借贷、商业性贷款、存储性贷款等等。人们可以全天候地或利用业余时间在房地产投资领域工作。总的说来，资本主义制度下的金融资本行业涉及可观的工作和利润两个方面，而土地投资是其伴随货币流向初级回路的首要活动之一。

在城市学家中广为流传的一种谬论来自洛根和莫罗奇（Logan and Molotch，1987）的著作，他们坚持认为，有一个与房地产利益相关的特殊阶层，名为收租人（rentiers）。根据这一理论，收租人形成了一种“增长机器”，它夜以继日地运作着，以促进土地的开发。这是看待资本主义制度下房地产现象的错误方式。我们已经看到，有那么多的不同方法可投资地产，这种投资又是如此富有吸引力，而且有那么多类型的人都卷入了次级回路。毫无疑问，在资本主义制度下，“增长”的压力始终强劲。但是，将这些压力说成是源于一个由一种单一目的而联系在一起的精选群体或集体，则显然是错误的。资本的次级回路在结构上和当事者方面都是片段性的。许多不同类型的人为赚钱而投资土地。他们经常互有冲突，而且总是存在竞争。这使得在资本的次级回路中赚取利润变成了一个错综复杂、通常又存在争议的事情。“机器”的隐喻完全错失了这一标识。

全球规模的金融改革进一步破坏了这种关联。事实上，增长机器观似乎尤其在总体上忽视了财政经济学这一领域，而更加令人好奇的是，当它与房地产投资相关联时，更是如此。如今，金融性质中的变化，如非居间化（直接获得资金，而非通过银行这一中间环节）和证券化（在如办公街区这样的隐形资产的价值变化的基础上创造可用于买卖的金融工具），在全球规模上加剧了房地产循环，因为许许多多的投资者都在进出该市场。例如，1997 年东亚财政危机的罪魁祸首不是全球资本的流动，而是更为具体的，在泰国是因为投机性房地产中的过度投资，以及国际金融资本对建成环境的其他部分（工厂、仓库和基础设施）的过度生产（Berry et al.，2001）。

即使在提倡增长的特殊的城市体制内部，提出一种只有一个单一的收租人阶层在控制市场的假定也是错误的。在英国出现的城市助推器运动，即那些推进如作为举办奥运会候选城市的曼彻斯特和作为欧洲文化之都的利物浦这样的城市的运动，在很大程度上都代表了房地产的利益。它们致力于通过建造位于新运动和文化场地附近的公寓、办公楼和商店来开发被弃置的市中心场地，以从中获取丰厚回报。然而，进入这些类型开发区的资金流来自多种渠道，而不只是某些名为“机器”的特殊的社会当事者模式的一部分。

像美国这样的国家从一开始就从来没有过收租人阶层，而且在很久以前，发达资本主义就在大多数国家中驱除了此类特殊的群体。在大都会区域，没有任何单一精英群体的存在，因为这一概念是种简单化的杜撰，但始终存在土地投资的压力，而在这一压力之下由那些暂时拥有权力的当事者形式所采取的行动，并非总是对公众利益有所帮助。一项有关土地拥有权的悠久历史及其与英国资本主义发展间的联系的研究强化了这一点：

> 在以上章节中提供的证据——对土地拥有权的经济关系的实证研究以及土地拥有者的不同群体借以相互关联的意识形态和政治斗争的理论和经济方面的分析——表明，在为资本所控制的土地拥有权的基础上，没有一个单一的群体可说具有一种别具一格和连贯一致的分层。(Massey and Catalano，1978：186)

我们拥有一个不断变化的建成环境，它有增长也有回落，极少有公共部门可以切实地控制它。发展始终是一种极富争议的事情。理解大都会的增长需要既关注相关的小集团，也关注资本通过在其资本投资机会方面正变得越来越复杂的次级回路的相互分离的机制而起起伏伏的方式。在美国，“增长机器”观仍旧十分流行，但是，之所以有上述马西和卡塔拉诺的观察的回应，可能只是因为其简单化而非其真实性。

参考文献

Berry, J., S. McGreal, L. Budd, and P. Scholes 2001. 'Relationships between Financial and Property Markets in the Asia-Pacific Area' *Pacific Asia Property Review*, 7 (2): 113～125.

Gottdiener, M. 1994. *The Social Production of Urban Space, 2nd Edition*. Austin, TX: University of Texas Press.

Lefebvre, H. 1991. *The Production of Space*. Oxford, UK: Blackwell.

Logan, J. and H. Molotch 1987. *Urban Fortunes*. Berkeley: University of California Press.

Massey, D. and A. Catalano 1978. *Capital and Land*. London: Arnold.

贫民窟与棚户区

贫民窟（slum）是一个集中而密集的住宅区域，那里的住房不足，居民穷困潦倒，社区功能缺乏。尽管强调的重点通常放在日益破旧的房屋之上，因为它是最显而易见的元素，但贫民窟的痛苦还包括：公共服务不足，医疗和教育关怀欠缺，而且其人口遭到了更大的社会的普遍忽视。结果，贫民窟就成了一个由不充足的住房外加不充足的社区服务、私营成分的商店、诸如医生之类的专业办公人员等等构成的区域。贫民窟人口一成不变地是少数民族和种族的穷人。通常而言，造成健康问题的是这一区域的过度拥挤和缺乏既便宜又新鲜的食物和专业医疗救助。

在所有发展中国家，贫民窟居民占城市人口的30%有余。在某些情况中，如在中东和非洲，这一人口比例高达60%。

贫民窟与违章居民点人口在城市人口中的百分比

城市	城市人口百分比
拉丁美洲	
哥伦比亚的波哥大	60
墨西哥的墨西哥城	46
委内瑞拉的加拉加斯	54
巴西的里约热内卢	20
中东和非洲	
埃塞俄比亚的亚的斯亚贝巴	79
摩洛哥的卡萨布兰卡	70
土耳其的安卡拉	60
埃及的开罗	60

续　表

城市	城市人口百分比
亚洲	
印度的加尔各答	67
巴基斯坦的卡拉奇	44
菲律宾的马尼拉	35
印度尼西亚的雅加达	26

资料来源：World Population Growth and Global Security，1983.

棚户区——不正规的住房

棚户区（shanty towns）可能是贫民窟，但又有所不同。它们是城市的组成部分，人们“非官方地”搬进这里，也就是说，这里的人都是未经允许就住下来的人，并以非正规的手段和找到的材料盖起了住房。

发展中国家中，低收入城市家庭缺少可负担得起的住房，再加上从农村向城市的大规模移民，导致了这些违章居民点的大幅增长（UNCHS，1999）。通常而言，发展中国家城市移民的纯粹数量太过庞大，无论是私营部门还是公共部门都无法提供足够数量的住房或安身之处，因而许多家庭最终来到了违章居民点。棚户区在世界各地有五花八门的名称——favelas（巴西），bustees（印度），barriadas（墨西哥），poblaciones（智利），villas miserias（阿根廷），bidonvilles（非洲），kampungs（南亚）。尽管名称不同，这些违章居民点却具有许多共同的特征，包括频繁的公众健康危机、犯罪、赤贫，以及没有未来的下一代，因为没有哪个国家能够为他们提供学校。

棚户区还有另一面。由于住房不足，许多居民都有工作，包括大量从事非全日制工作和/或非正规经济（参见“非正规经济”条目）的人。不是所有的住房都为生活在那里的家庭所建造。许多建造这些住宅的人是房地产企业家。大多数棚户区居民都住在出租屋中（Datta，1990）。城市贫民在棚户区找到了廉价的租用住处，尽管其居住条件非常恶劣。

棚户区通常是劳务阶层可以在那里找到可负担得起的住房的唯一去处。带有主要用于出租的住处的非正规居民点在拉丁美洲许多城市都很常见，在那些地方，对廉价出租房屋的需求远大于供应量，且对住房质量的控制微乎其微（UNCHS，1996：218）。总体上看，棚户区会继续增长，因为数量日增的低薪城市务工者和来到城市的农村移民可以在那里找到安身之处。正是在这些违章居民点中，社会空间网络的活跃繁荣，给城市区域的新来者提供了工作和其他个人帮助的途径。

非正规居民点的视觉形象是荒寂的，观察者也许会假设，这些都是失意的、无组织的邻里街区。尽管如有限的城市服务和基础设施的社会问题，在大多数非正规的居民点都挥之不去，但个案研究显示，这些地方是重要且有活力的社区。大多数棚户区都拥有健康的社会秩序（Aina，1990）。一个共同的概念是，这些地方的生活对于城市经济的生机而言是完全边缘性的。然而，棚户区居民的边缘性在很大程度上都是种虚构（Perlman，1976）。许多棚户区都支撑了其自身强健的经济，包括房地产投资区域在内。它们通常是始自城市移民的小生意、小企业的所在地。棚户区可能还是小型或中型工厂的所在地。此外，作为全球经济重构一部分的跨国公司也给发展中国家带来了转包合同的支持（Safa，1987）。这种垂直瓦解现象通过将棚户区整合进全球经济中的方式创造了新的制造业工作，为地方企业提供了帮助。

事实上，发展文献包括了研究者对于棚户区的何种特性是积极的或消极的问题的争论。例如，詹尼斯·珀尔曼（Janice Perlman，1976）列出了这些区域的至少六种积极功能。棚户区提供：（1）免费住房；（2）移民接待中心；（3）家庭及家庭手工业的工作；（4）使人们可以在靠近自己工作场所的地方落户的城市中的流动性；（5）社群感和困难时期的社会支持；（6）投资建造用于房地产投机的棚户区的小规模企业的回报。

尽管存在视觉上的混乱和明显有别于城市网络的其他部分的

空间差异，但违章居民点既在其内部高度地组织化，又与住房系统的其余部分高度整合。从收入、教育、职业和居住单元的材料和规模等角度看，棚户区都具有惊人的多样性。（Perlman，1976）

不过，不是所有的研究者都强调这些地方的积极方面。在过去，许多发展中国家都将棚户区视为不体面的和机能不良的。尽管我们知道，棚户区确实具有重要的积极功能，但它们也存在许多问题，最好的政策只不过是尽可能地改善它们。在萨罗什·安克莱萨里亚（Sarosh Anklesaria，2002）看来：

当今印度城市人口的1/4居住在贫民窟，处于不人道的条件之下。这些在许多发展中国家的城市中司空见惯的棚户区，其特征是低下的房屋质量和实质性基础设施的缺乏。由于很难获得干净的饮用水和卫生设施，居民面临着不断出现的疾病威胁。在一座典型的贫民窟中，房屋是用泥巴和塑料布盖的。街道和巷道通常不到七英尺宽，还兼具露天阴沟的功能。尽管有这样差的条件，但印度贫民窟人口的数量每十年就会翻一番。

许多贫民窟居民都有工作，但他们不会投资其住房，因为这些居民点被视为非法的，随时都有可能被拆除。他们居住在那里，是因为他们找不到任何其他可负担得起的替代品。对这些贫民窟的官方反应过去常常是拆除和对未经允许住在此处的人的驱逐。但是，这只会导致贫民窟重新落户于他处，因为在印度，对廉价住房的需求仍旧存在。"于是搬迁计划试图暂时将非法居住者搬迁至临时帐篷区，同时建造五六层的公寓。但这证明既会造成资金的紧张，也得不到社会的赞同。居民们不能适应这些寓所，于是将之一卖了之，然后搬回贫民窟。此类工程未能帮助那些最需要住房的人。"

在印度，最近期的方法使用了基于规划的社区资源。其想法是改善棚户区街区，而不是取代它们，以使那里的居住条件变得适宜一些。在与现有的社区基础设施的共同作用之下，服务得到了改善。最重要的是，印度的政府计划建造了地下的下水道，因为这些下水道可能是居民们所需要的一种改善。另一个政策特点是允许居民购买他们在那里生活的土地，这为住房改善提供了经济诱因。最后，服务于棚户区的交通运输基础设施的改善使劳务人员能够继续在正规经济中固定其工作。简言之，改善棚户区的政策已经取代了力图拆毁它们的政策。

参考文献

Anklesaria, S. 2002. 'Improving Urban Shanty Towns' *Architecture Week*, 21 August 2002.

Aina, T. 1990. 'Shanty Town Economy: The Case of Lagos, Nigeria' in S. Datta (ed.) *Third World Urbanization*. Stockholm, Sweden: HSFR. pp. 133～148.

Datta, S. (ed.) 1990. *Third World Urbanization*. Stockholm, Sweden: HSFR.

Perlman, J. 1976. *The Myth of Marginality: Urban Poverty and Politics in Rio de Janeiro*. Berkeley, CA: University of California Press.

Safa, H. 1987. 'Urbaniztion, the Informal Economy and State Policy in Latin America' in M. Smith and J. Feagin (eds) *The Capitalist City*. Oxford, UK: Blackwell. pp. 252～274.

United Nations Center for Human Settlements (UNCHS), 1996. *An Urbanizing World*. Oxford, UK: Oxford University Press.

United Nations Center for Human Settlements (UNCHS), 1999. *Basic Facts on Urbanization*. Nairobi, Kenya: UNCHS Habitat.

'World Population Growth and Global Security' 1983, Washington, DC: Population Crisis Commission.

社会空间法

城市分析的社会空间法（socio-spatial approach）是始自20世纪60年代末的一种范式转变的结果（Lefebvre，1991）。在此之前，在社会学家和地理学家中占统治地位的城市发展观被称为“人类生态学”（human ecology）（参见Gottdiener，1994；Gottdiener and Hutchison，2000）。人类生态学具有意识形态方面的偏向，将社会与空间过程之间的关系建立在一种基于生物学的隐喻基础之上，该隐喻借自植物和动物王国。人口分散和发展的城市模式被视为对环境的适应过程，它是有机的和适应性的，而不是源于一种复杂的社会组织模式的阶级、种族和基于性别的社会关系的产物。因而，强调适应性的人类生态学对20世纪60年代期间的城市冲突缺乏理解能力，以及从这时起作为世界资本主义体系变化的结果而发生的漫长的去工业化阶段。

到20世纪80年代，各个不同学科的城市学家发表了一批有据可查的可靠出版物，与之相伴，一种名为“新城市社会学”（new urban sociology）的可替代的方法出现了。因为这个术语有多种多样的变体，且未得到详细说明，于是“社会空间法”的范式便于90年代被介绍进来（Gottdiener and Hutchison，2000，亦可参见“房地产”条目）。城市研究这一新范式的关键看法是，安置空间形式与经济组织模式相关。这并不意味着，已经有清晰定义的城市增长阶段与经济发展的确切阶段直接相关。它实际上是在说，定义社会的空间组织的重要而关键的空间模式与社会组织的相关模式的文化、政治、社会和经济特征的具体方面存在关联。根据这种社会空间法，城市发展阶段与社会的政治经济中的变化有关。对于美国的情形而言，城市形式的出现和得到修正都取决于资本主义发展中的阶段。下表总结了这些趋势：

资本主义阶段	城市化阶段——就美国而言
商业—殖民时期（1630～1812）	殖民地滨水城市——波士顿、纽约、费城、新奥尔良、旧金山
工业化时期（1812～1920）	工业城市——芝加哥、阿克伦、克利夫兰、匹兹堡、底特律、亚特兰大、圣路易斯、洛杉矶
垄断资本主义（1920～1960）	大都会城市和郊区——曼哈顿、芝加哥、丹佛、明尼阿波利斯、波士顿
全球资本主义（1960 年至今）	多中心大都会区域——纽约城、洛杉矶地区、拉斯维加斯地区、菲尼克斯、明尼阿波利斯—圣保罗、达拉斯—沃思堡

在范式转变之前的这一发展的大部分历史都声称，土地使用模式的转变是交通运输技术变革的结果。例如，当代美国土地使用模式的郊区化被普遍归咎于汽车的大规模引入。这是种守旧的和过时的观点。更准确的理解是，尤其在美国，房地产之所以得到持续的发展，是因为投资出于其他的可能性而被吸引到了这里。随着土地自由市场的运营，开发商和投机者利用一切可获得的技术来追求增长。因而，郊区化在 19 世纪即已十分显著，而无论交通工具主要是马拉的四轮马车，还是蒸汽火车，城市总是在脱离其他的中心。

20 世纪 30 年代以后，当美国的资本主义制度已经成熟，进入到了形式完备的工业经济之时，尤其是在第二次世界大战期间，城市开始呈现出功能的专门化。一些城市，如洛杉矶、底特律、水牛城和巴尔的摩，为制造业所主宰。另一些城市，如新奥尔良、亚特兰大和西雅图，更专注于贸易和商业。像波士顿、纽约城和华盛顿特区这样的地方，则以服务业为导向，尽管像纽约城和洛杉矶这样的大型区域在所有经济功能方面都极为突出。

这种特定大都会区域的功能的专门化在这些区域内部又得到进一

步的区分，这样一来，中心城市不过是一个区域性部署中的一个中心而已，它专门从事一些特定的活动，而其他中心则专用于各自独立的功能。20 世纪 60 年代以后，尤其是在如今全球资本主义的当前阶段和国内工厂工作相当有限之时，大的中心城市在功能上专攻商业和金融服务，而位于大都会区域中的其他中心则强调购物、轻工制造业和重工制造业、后台商业运作、贸易和商业。

社会空间法认为，美国的发展模式涉及两种不同但相关的人口和经济活动的转变，这些活动的规模极其庞大，在历史上从未有过先例。第一个转变是向郊区的转移，它在 20 世纪 40 年代之后得到了大规模的加速。第二个转变是向阳光地带的转移，它在 20 世纪 60 年代之后得到加速。在两种情况中，自第二次世界大战以来的战争影响在很大程度上都与导致这些转变发生的基础设施经济资源的提供有关。根据社会空间观，土地使用的开发既是干预国家和国策的产物，也是经济投资和资源开发的结果。这正是“政治经济学”方法对于城市发展的解说。

社会空间法的另一方面是，它清晰地意识到，社会生活由阶层和其他如种族和性别之类的重要的社会划分构成。在卡尔·马克思和弗里德里希·恩格斯看来，19 世纪的工业城市，尤其是那些创建于英国的城市，如曼彻斯特，是研究资本主义体系扩展关系的绝佳之地，正如工厂是研究资本主义生产本身的绝佳之地一样。恩格斯（1973）不是将城市阐释为一种对环境的适应，而是阐释为一种阶级适应，尤其是企业家和工人的各不相同的社会逻辑在一个由房地产私有市场所主宰的空间里上演的方式。一切都由金钱所决定。一切价值观、想法、信仰和偏好都被市场转变为受到预算限制的消费选择。那些能够买得起更多的人就会得到更多。那些一无所有的人则没有任何可改善自己生活质量的选择。

根据这种社会空间法，城市生活不是一种对于环境的适应，而是结构和当事者的力量与选择的产物，因为属于截然不同的社会阶层的个体都会在自己的财力之中、在资本主义工业生产的体系之中，找到生存和消费的途径。现在我们明白，城市区域的空间安排也是种族主义的产物，而在许多地方，如郊区，它们还深嵌于与主宰性别的关系之中。

在由19世纪的资本主义所导致的城市环境内部，恩格斯还观察了许多源于社会不平等和财富分配不均衡的社会问题。无力负担养育其所有孩子的家庭将其中的一些孩子弃置街头，这些孩子不得不在那些地方自己照顾自己。卖火柴或擦皮鞋以及无依无靠地居住在工业城镇的肮脏区域的城市"流浪儿"可谓司空见惯。还有来自工厂和大型标准住房区域的可怕污染。公众健康危机十分常见，而且，由于缺乏或没有医疗保健，城市工人阶级中的婴儿死亡率奇高。如今，城市区域依旧不得不通过各种公共计划，如住房补贴，来应对财富分配不均带来的消极影响。这些公共政策受到国家当前财政危机的限制，这在围绕私营企业来加以组织的社会中是一种持续的状态（参见"财政危机"条目）。

弗里德里希·恩格斯（1973）的社会空间法还观察了城市呈现几乎是毗邻而居的富人和穷人的鲜明对比的方式。有一些城市区域聚集了大量的财富。当时的观念将这种令人震惊的差异解释为某种属于事物的自然秩序的东西，与忽视阶层差异的人类生态学的态度如出一辙。据他认为，人会按照其个体价值和艰苦劳动来获得报酬。然而，恩格斯从资本主义制度本身所特有的不均衡发展的角度解释了这同一种不平等模式，资本主义制度借由仅仅基于市场的社会购买力的差异而加深了人口之间的差异。

如今，社会空间观念拥有了一种核心原则，它超越了恩格斯所提供的这些特征。大都会发展模式是对土地的投资流的结果。无论一种生意只是为了商业运作而获得一块区段，还是为了开发住房和/或商业建筑以赚取利润而购买土地，其在房地产市场中所采用的投资水平和形式都始终是城市和地区发展的关键方式。出于这一原因，社会空间观尤其关注作为增长“前沿”的房地产（参见“房地产”条目）。在理论家亨利·列斐伏尔（1991）看来，导致空间生产的正是经济的这一方面。社会的房地产部分构成了独立的资本回路，其中，金钱不仅可以通过用于出售的物品的制造来获得，而且可以通过土地拥有权来获得，这土地可以随后原封不动地卖掉，或是对其进行开发，稍后，当周围区域的社会财富使这一投资更具价值时，再将其出售。房地产次级回路中的这种财富的性质极其不同于资本主义投资在制造业的初级阶段回馈利润的方式。我们要感谢亨利·列斐伏尔（1991）所作的洞察，它使社会空间观得以推进了这样一种论点：空间本身即是大都会发展中的一个重要因素，它受到有些不同于资本家在初级回路中的赚钱方式的制造利润的逻辑控制（参见“房地产”条目）。

因此，社会空间观具有以下方面：

（1）在城市发展分析中，有可能使用标准的政治经济分析范畴，如利润、投资、租赁、阶级剥削等等。

（2）资本的次级回路，即房地产中的投资，会遵循一种增长和衰退的循环模式，它与工业生产的初级回路多少有些不同。结果，要分析社会发展趋势，就需要特别关注两种回路以及它们之间的关系。相比于城市生态学或如芝加哥学派的城市社会学的其他形式的简单化方法，分析的这些方面要复杂得多。

（3）一切社会活动都与空间有关。空间是我们一切所作所为中的一种整合因素。要理解这一观点就意味着当我们在探索建成环境时，我们对于空间帮助定义我们行为方式的关注，要像对于其他社会或互动类型变量的关注一样多。关注人类生活的空间方面就意味着设计和建筑都会在人的互动方式中扮演重要的角色。例如，城市之所以不同，部分是因为其空间的差异。

（4）空间环境包含标志和符号。它们如同精神地图一样呈现在人们的头脑中，也呈现在政客、政策和普通居民对于城市的构想中。因而，这一空间对于每个生活在其中的人而言都具有意义。有时，空间的呈现会得到不同个体的共同接受。有时，人们会就空间的意义以及在特殊地方什么样的行为是可接受的定义而展开争论。这些方面是大都会文化的重要组成部分。它们可能既存在于城市，也存在于郊区。在过去，空间的表征方面一直遭到城市学家的忽视。相反，在社会空间法看来，其象征和文化维度是极其重要的。

（5）最后，该方法突显了政府在空间里所扮演的重要角色。政治会定义大都会的边界。当有关这些抽象空间中的界线的冲突发生在国家层面时，即使不会导致战争，也时常会导致严重的政治问题。政府还会使财富跨越空间界线。这种公共投资对于地方的普遍安康至关重要。当一个政府将货币从其管辖下的一个区域输向另一区域时，我们称之为空间中的价值转移（transfer of value）。当这种不均衡发展的罪魁是私营部门时，此机制就会隐藏于不均衡发展的背后。当公共部门被卷入进来时，它也是种不均衡发展，但政府政策的存在也意味着也许有些真正的不公正在发挥作用。出于这些原因，国家在空间中的角色是社会空间法的一个重要方面。

参考文献

Engels, F. 1973. *The Condition of the Working Class in England*. Moscow: Progress Publishers.

Gottdiener, M. 1994. *The Social Production of Urban Space, 2nd Edition*. Austin, TX: University of Texas Press.

Gottdiener, M. and R. Hutchison, 2000. *The New Urban Sociology, 2nd Edition*. NY: McGraw-Hill.

Lefebvre, H. 1991. *The Production of Space*. Oxford, UK: Blackwell.

扩　张

自从郊区化在20世纪50年代成了一种大规模现象以来，城市学家们就开始悲叹在美国和加拿大一类地方的增长中十分典型的扩张(sprawl)模式。扩张通常被定义为相对的低密度在居住单元以独栋家用住房为主的延伸区域中的"随意增长"。它意味着规划的缺乏，时常会导致如治安、消防和初级教育等公共服务的复制。这种状况十分奇怪，因为地方管理部门一贯拥有规划人员，他们致力于为增长方向起草全面的计划。至少在一项研究中，这种矛盾被解释为一种社会问题，因为地方政客和开发商都会想方设法地绕开导致区域扩张的指导方针(Gottdiener，1977)。扩张之所以会得到规划，部分是因为它是联邦政府鼓励这种增长的补贴——对独栋家用住房的补贴，对高速公路建筑的补贴——的直接结果(参见"郊区与郊区化"条目)。

然而，批评者多年来对扩张的抨击也是对郊区的抨击——尤其是对位于独立的小块土地上的独栋家用住房模式的抨击。对扩张的批评除非是以负面的方式，否则从未将这两者联系在一起，但这种郊区定居模式的流行反击了任何一种被归咎于扩张的不受欢迎的影响。尽管存在区域发展的集体成本，但压倒性多数的郊区居民都更倾向于自己的生活方式，而不喜欢居住在市中心。增长的扩张模式引起的问题是私人满意度对其社会的、集体的成本问题。

尽管人们频频向扩张发难，但有别于相对有序但低密度的开发，负面的、任意的增长是很难辨识的。根据一项意义重大的研究，经常被用作扩张的大都会缩影的洛杉矶，实际上没有经常因其强硬的反增长法令而得到引述的俄勒冈的波特兰的扩张程度高。扩张最严重的城市是田纳西的纳什维尔，除了作为乡村音乐的中心外，这个地方极少被引为任何例证（El-Nasser and Overberg，2001）。结果，这个术语引发了许多困惑，特别是在那些倡导一种谴责目前增长模式分析的城市学家所主张的关键点之中。例如，一些洛杉矶的地理学家将在自己区域内扩张了数英里的独栋家用住房模式指为独一无二的代表性扩张（参见“后现代和现代城市主义”条目）。但是，实际的情况是，洛杉矶地区相当密集，因为几乎所有房屋都位于小块的土地上。相反，在东北部和中西部，住房往往位于大得多的地块上，因而，它们的密集程度要低很多。不过，尤其是中西部，在其渐渐出现这种现象时，却极少被当作犯规之地的例证来说。

扩张的很大问题在于我们最大的大都会区域内迅速增长的后果。一项来自马里兰规划办公室的规划声称，1995 年至 2020 年，“在切萨皮克湾（Chesapeake Bay）附近区域，转化为住房的土地将比过去三个半世纪转化为住房的土地还要多得多。”

在大芝加哥，在 1970 年至 1990 年的 20 年间，住宅土地的消费增长比该区域的人口增长快了令人称奇的 11 倍。

在大克利夫兰，土地消费即使在人口一直在减少的情况下仍在增长。自从 1970 年以来，该地区的人口下降了 11%，而城市化土地的数量却增加了 33%。

在阳光地带，情况也如出一辙，即使这些城市的人口出现了净增长。菲尼克斯“据报告正在以每小时 1.2 英亩的速率开发开阔地。实际上，菲尼克斯的地理范围据说相当于特拉华州的规模”。

亚特兰大自 1950 年以来人口的增长比率为 2.9%。几乎所有这些增长都是在郊区。

2001年，美国的一项有关大都会区域的比较研究测量了过量的和向外扩展的低密度开发所达到的程度。这一数字被当作一种扩张指标，尽管更加密集和耐用的增长规划的实际失败未得到研究（El-Nasser and Overberg，2001）。该研究利用扩张测量的实证性指数，揭示了以下情况：

人口的激增不一定会触发扩张。事实上，扩张有可能出现在一个大都会区域的人口出现萎缩之时。例如自1970年以来的纽约水牛城区域。

地形和环境特征会限制扩张。洛杉矶为海洋和北面的高山地带所环抱。拉斯维加斯的开发受到水的获取的限制。相反，东南部极少有此实质性的限制。所以，例如，“沿85号和20号州际公路的冷酷无情的扩张造就了一个‘细带城市’，它在北卡莱罗纳州的罗利和阿拉巴马州的伯明翰之间延伸了600英里”（El-Nasser and Overberg，2001）。

人们普遍觉得，西部拥有最过分的扩张榜样，但与此感觉相反，在扩张最厉害的大都会区域中，有16个都位于密西西比河以东。排名前五的区域中有四个在东南部：纳什维尔、夏洛特、格林斯博罗、亚特兰大。在西南部，增长较东部更加有序，因为前者的开发受到了河流的限制。而东部，建筑商只需走到一个大都会区域的任何地方，再找到水的供应即可。与此同时，西南部的廉价土地轻而易举地即可获得，这使得许多较小的都会区域得到了扩展，增加了扩张。

转向英国来看，尽管存在遏制大都会向外扩展的规划体系，尤其是伦敦和英格兰的东南部的绿化带政策，但扩张还是已将大伦敦地区变成了一个多中心大都会区域。即使承诺只在轻污染工业用地搞建设，但投机者向其土地银行施加的开发绿化带地区的压力却十分强劲，尤其是英国这一部分的住房价格以空前的速率（在本书写作时）持续增长。切舍尔和谢泼德（Cheshire and Sheppard，1989）估计，假如所有规划限制都遭到废弃，则东南部的城市化地区将从19%扩大至28%。不过，与此同时，随着地块规模的增加，住房价格只会下降约3%—5%。因此，在英国的投机性开发变得失控之前，需要一种更加考虑周全的视角，它将把收益的社会化与任何相应的扩张趋势的管理衔接起来，这势必会形成政策的一部分，以废止伦敦周围的绿化带（Edwards，2000）。不过，美国从未有过此类政策。

地区政府的缺乏和隶属于许多当地政府地区的分裂可能会教唆美国的扩张模式。许多欧洲国家拥有高度发达的地区政府体系。不过，即使拥有专用的地方规划系统，且拥有范围广大的权力，但扩张的迫切需求依旧存在，因为这其中的许多都是非空间性的（Marcuse and van Kempen，2000）。根据一项美国的国家调查，“当选民被要求举出其社区中最重要的问题时，扩张和交通与犯罪和暴力一起名列前茅。有 18%的被调查者提到了其中的每一个。诸如教育和卫生医疗之类的问题远远地落在后面”（El-Nasser and Overberg，2001）。

一个多世纪以来，人们一直在逃离市中心，以寻求低密度的、更具“郊区性”的生活方式。现在，居住在这些大都会区域的同一地区的人正呼吁政府阻止由他们的搬迁所造成的扩张。这种差异是当今大都会增长模式中最尖锐的矛盾（Duany，Playter-Zyberk and Speck，2000）。

扩张意味着以下社会问题：

- 社会隔离和肥胖症——人们开车到处走；
- 哮喘和全球变暖——汽车尾气排放；
- 洪水和腐蚀——太多的人行道；
- 小农场的转让——房地产投机和地区开发；
- 野生动物的灭绝和自然的失衡。

随着导致了整个大都会地区的当地居民的成本不断增加的区域性、低密度开发，居民们已经开始反对扩张。

“自从 1997 年以来，22 个州出台了一些种类旨在控制扩张的土地使用法规。仅在 1999 年，法律制定者便在州立法机构中引入了 1 000 个议案，其中有 200 多个获得了通过”（El-Nasser and Overberg，2001）。控制扩张的政治问题现在被称为“智能增长”，而非以前的

“增长控制”。倡导智能增长的候选人在全国各地的地方竞选中都十分活跃（参见“可持续城市化”、“新城市主义”条目）。其他人反对智能增长和控制扩张，因为他们将此视为控制住房市场的手段。开发商倾向于不加限制，他们有组织的代表声称，扩张问题被夸大了。

社区在该拿扩张怎么办展开争论的同时，仍在继续支持扩张。人们依旧更愿意住在与较为城市化的地区相邻的郊区地带，而不愿住在城市之中。

俄勒冈州波特兰市的例证

俄勒冈州的波特兰市被说成是增长控制和反扩张的积极影响的最佳例证，但真实的情况却大相径庭，且该地区经历的只是有限的成功。据埃尔—纳塞尔和奥弗贝格（El-Nasser and Overberg，2001）所言：

> 在 1973 年，波特兰确立了城市增长边界，以阻止开发，保护超出某种界线之外的开阔空间。边界使得内部开发更加密集……然而，波特兰的扩张指数大约位列大型城市排名的中间位置。一个原因是，增长逃脱了波特兰市大都会委员会的控制，该委员会是个地区性理事会，由确立了边界的 3 个县和 24 个市构成。增长向南出现在俄勒冈的塞伦，向北跨越了位于温哥华和瓦什的州际线。根据人口普查局的定义，这两座城市都是波特兰大都市区域的一部分，位于波特兰易通勤的距离范围之内。

更多的讨论参见“可持续城市化”条目。

白人迁移

根据 2001 年的研究，中西部的大部分城市在大都会区域种族隔离程度和扩张程度两方面都居于高位。导致外围扩张的正是核心地带的衰落及其种族问题。许多东北部的中等城市都有同样的问题，即有一个被不断增长的郊区区域所包围的不断衰落的、在种族上存在隔离的核心地带。

> 按照各种因素，中西部的核心地带都拥有最高程度的种族隔离和最集中的贫困。这一离心的推力使得开发商有可能提供逃避城市问题的更远距离的选择。(El-Nasser and Overberg，2001)

同样的情况也出现在那些人口减少但又位于扩张中的大都会区域的城市，如那些位于东北部的城市。

白人迁移在英国是个更为复杂的问题（参见“住房”条目）。在日益衰退的北部城市，这体现在随着白人中产阶级搬至这些城市的乡村边缘地带而来的住房和就业机会的空间隔离中。在伦敦这个欧洲最大的大都会地带，民族空间分布的拼凑工作并非白人搬迁的前兆，但隔离之所以不是那么彻底，是因为城市专业人士占据了依旧以阶层混合为特征的中产阶级化区域。然而，正如马尔科姆·克洛斯（Malcolm Cross）所注意到的：

> “种族”因而是伦敦危机的一部分……它正越来越定义着城市的下层阶级，他们被困在摇摇欲坠的产业中，因贫困、失业和绝望而疲惫不堪。(Cross，1992：116)

作为证据，到2002年，大都会警察局已经发动了“三叉戟行动”(Operation Trident)，以打击黑人对黑人的犯罪。在这种情况盛行的区域，与之相伴的是专业人士和白人的搬迁，从而将较为贫困的家庭留在这些区域，他们饱受留在这些地方所带来的社会经济和文化后果的折磨。

农业用地的丧失

从历史上看，最好的农业用地位于城市附近。当郊区化出现时，它消灭了这些农场。1982 年至 1992 年，美国因城市和郊区的发展每年平均失去 40 万英亩的“首要”农业用地，这些地方都具有种植庄稼的最好的土壤和气候。在同一期间，每年另有 2.66 万英亩用以种植稀有和特殊农作物的“特种”农业用地在失去。

最适合种植农作物的土地通常也是最适合盖房子的土地。这是因为，美国腹地的城市住宅区通常都坐落在河谷和其他土壤肥沃的地区，它们对于耕作而言，也极为高产。

景观损失

扩张的批评者认为，有益于人类的自然景观正在被扩张地带和“丑陋的”条状分区所取代。但这种反对郊区开发模式的言论自从 20 世纪 50 年代以来就一直被批评者们所诟病。撇开审美，压倒多数的美国人正如普通的英国人一样喜欢条状分区和商业扩张所带来的便利，因为资本主义现代性的梦想通过有空调的购物广场、有空调的汽车和位于郊区和通勤地带的界线分明的新私人房产而得以实现。

经济损失

超过 1.3 亿的美国人喜欢观测、摄影、捕捉野生动物和钓鱼，它以每年超过 140 亿美元的收益支撑着以自然为导向的旅游产业。这一产业受到了空间消失的威胁。与此类似，欧洲人不得不跑得越来越远，以逃避日益扩张的郊区范围。在英格兰东南部这个欧洲人口最密集的地区，发动机的声响从未远离听力所及的范围。

有害健康的空气

当前的发展模式也带来了郊区的空气污染，这主要是因为与扩张相关的对于汽车的日益依赖。1970 年至 1990 年，英国汽车工具的使用每年都会翻倍，从 1 万亿英里增加到了 2 万亿英里。在 20 世纪 80 年代，与可驾车年龄的人口增长相比，所开的汽车英里数的增长要快 4 倍多，较总体的人口增长也要快出许多倍。这直接导致了温室气体排放的增加，并继续令我们的大都会区域无力依靠自身自然地清洁有害健康的空气。根据一份美国政府的报告：

> 尽管取得了显著的进步，但干净和有利健康的空气的总体目标在许多县仍旧未能实现。有害健康的空气污染依旧在实质上困扰着美国的每座大城市。(El-Nasser and Overberg，2001)

同样的情形也在大多数英国城市化区域盛行。最近出现了一种哮喘流行病，在年轻人中尤为流行。根据卫生部的统计，英国每两个儿童中就有一个有可能形成哮喘症状。其原因与现代生活方式有关，而在大都会区域，还与日益增加的汽车拥有量和使用有关。

径流

> 随意的扩张开发还将流出的污水带到了越来越多的水域，使河流、湖泊和海湾都遭到败坏。如今，根据全面的记录，随着在水域的不渗水的道路和屋顶数量的增加，地表径流的速度和数量也随之增加；洪水、腐蚀和受纳水体中的污染物荷载增加；地下水回灌，地下水位降低；河床和流量被改变；水生物遭到损害。(Benfield，F. et al.，1999)

典型的郊区扩张完全破坏了所有种类的水生物。在全国许多地区，来自郊区径流的污染现在已超出了工业导致的污染。曾经数十年才发生一次的洪水如今会定期发生。

径流污染现在是全国水质的最大威胁，影响了美国40%的被调查的河流、湖泊和海口。

解决之争

美国东北部和中西部的大部分地区都由许多政治管辖区构成，这使大都会区域变得支离破碎，以致很难确定地区规划或管理计划。同样，虽然有些地方可能会限制增长，但另外一些地方也许会欢迎它，从而保持区域的扩张。人人都在推动“智能增长”，但没有一个人会赞同“笨”增长（参见“可持续城市化”条目）。

一些规划者呼吁修更多的公路以缓解交通拥堵。另一些规划者则说，建造或拓宽道路造成了更大的交通混乱，并鼓励了更多的开发。一些人提倡位于大块土地上的独栋家用住房。另一些人坚持认为，解决之道是位于较小土地上更多的公寓和小房子，以便为更多的人提供住宿。在英国，新道路空间带来的交通生成效应早已确定，但国家、地区和地方当局都未找到解决对更多道路的越来越强烈需求的办法。

一些人说，住房应当建在公共交通线路附近，走路即可抵达商店、学校和其他服务设施，从而减少道路上的汽车。另一些人认为，美国人不想住在较为拥挤的城市环境中，或放弃汽车。一些人想要精确的增长界线。另一些人说，限制开发会推高住房价格，减少可负担得起的住房的供应。

根据2001年的一项研究，人们一致同意一件事：市政府必须更好地进行规划。“面对来自居民、环境保护主义者以及其他利益集团和当地官员的巨大压力，8个州已经批准了综合的增长管理规划，它们要求地方政府阻止在没有道路和下水管道地方的开发。但大多数其他已被拖入通常是留给地方政府的问题中的州则坚持不会导致多少抵制的法令。它们拨出资金来购买空地、农业用地或森林。一些州正在制造对于土地所有者的税收刺激，使他们将开发权捐赠给州或自然资源保护论者（El-Nasser and Overberg，2001）。”

对扩张进行了最直言不讳抨击的是新城市主义者（参见“新城市主义”条目）。他们提倡清晰而直接地抵制低密度、扩张性增长的开发计划，其方式是声称增长应当是高密度的增长，并根据行人设计规划，作为汽车尺度的反面。他们呼吁通过紧密的、可步行的、以公共交通为导向的城市复兴。他们指向公共交通研究，这一研究表明，邻里街区的平均密度每翻一倍，都会导致每家每户交通工具的使用减少20%—40%，与之相应的还有尾气排放的减少。

正如在“新城市主义”条目中所讨论过的，这一规划哲学也存在许多局限性。重中之重的是要注意到，自从20世纪50年代以来，美国的大都会区域一直无情地朝着安置空间的一种新形式挺进，该形式将低密度住宅区与越来越专业化的功能性中心融合在一起。这种新的空间形式已在“多中心大都会区域”条目中进行过讨论。因而，相当有可能的是，许多人视作由非理性增长带来的偏差的东西，可能事实上是一种安置空间模式，它在超越较老的以城市为中心的城市生活模式时，具有自己强大而实用的逻辑。去中心化和再中心化这两个过程都在发挥作用，给所谓的扩张的混乱带来了某种秩序。现在，互联网和手机技术使低密度居住安排较过去更切实可行。简言之，目前将扩张视为一种重大社会问题的批判有可能并不是被误导的，因为确实存在必须加以解决的严重的公共政策问题，但人们也必须花时间付出同样的努力，去真正地了解空间的新形式——多中心大都会区域以及它所有的含义。

参考文献

Benfield, F. et al., 1999. *Once there were Greenfields: How Urban*

Sprawl is Undermining America's Environment, Economy and Social Fabric. NY: National Resources Defense Council.

Cheshire, P. and S. Shepperd 1989. 'British Planning Policy and Access to Housing: Some Empirical Evidence' *Urban Studies*, 6: 469～485.

Cross. M. 1992. 'Race and Ethnicity' in A. Thornlet (ed.) *The Crisis of London*. London: Routledge. pp. 103～118.

Duany, A., E. Playter-Zyberk and J. Speck. 2000, *Suburban Nation: The Rise of Sprawl and the Decline of the American Dream*. NY: North Point Press.

Edwards, M. 2000. 'Sacred Cow or Sacrificial Lamb? Will London's Green Belt have to go?' *City* 4 (1) (April) pp. 106～112.

Gottdiener, M. 1977. *Planned Sprawl*. Newbury Park, CA: Sage Publications.

Kunstler, J. 1996. *Home from Nowhere: Remaking Our Everyday World for the 21st Century*. NY: Simon and Schuster.

Leo, C. et al., 1998. 'Is Urban Sprawl Back on the Political Agenda?' *Urban Affairs Review*, 34: 179～211.

Lopez, R. and H. Hynes 2003. 'Sprawl in the 1990s: Measurement, Distribution and Trends' *Urban Affairs Review*, 38 (3) (January) pp. 325～355.

Marcuse, P. and R. van Kepen 2000. *Globalizing Cities*. Oxford: Blackwell.

El-Nasser, H. and P. Overberg, 2001. 'A comprehensive look at sprawl in America.' *USA Today*, 22 February, www. usatoday. com, accessed October, 2003.

郊区与郊区化

郊区（suburb）呈现为定居点的一种物理形式，既非城市也非农村，而是介于两者之间。城市研究领域总是难以定义“郊区”的意义。如今，“郊区”这一概念甚至更成了问题。事实上，美国人口调查局根本没有正式使用“郊区”一词。取而代之的是，位于大城市外围的区域连同那些城市被一起定义为“大都会统计区”（metropolitan statistical areas）或 MSAs。通常的理解是，郊区是大型中心城市外围的住宅区域，其人口密度较低，但又高于相邻的农村区域。早期的概念认为这些地方要依赖城市，而现在，这样的看法是错误的，因为人们认为，这些区域是由居民自身主宰。例如，从历史上看，一些郊区最初位于城市之外，但后来为城市的增长所吸收。纽约的哈莱姆和布鲁克林、芝加哥的老欧文公园以及堪萨斯的乡村俱乐部广场都是这样的例子（Gilfoyle，1998）。

现在，如果我们理解，那种定居空间形式是多中心大都会区域，则我们就能看出，通常被称为郊区的区域事实上相当多样化、多功能，以不同的方式与城市相连。许多白领和高科技公司更愿意落户于与市中心相邻但又位于它之外的区域。制造业发生在郊区。大都会区域的大多数零售活动也发生在那里。在美国各地，体育馆和综合娱乐中心通常也位于郊区区位。当多种多样、为数众多的人口加入这一混合之中时，很明显，这些地区只不过是构成发达城市本身的多功能活动部署的密度较低的变量。事实上，到 20 世纪 80 年代，美国已经有超过 20 个县拥有大批量的劳动力大军和人口，且有多功能的方方面面，所以可以说它们具有“充分城市化”的典型特征，虽然这其中没有一个县拥有一个单一的大型城市（Gottdiener and Kephart，1991）。

因为其自由的土地市场和充足的空间，在美国的早期历史上，人们便已经表现出对居住在城市之外位于大块土地上的独栋住房中的强烈偏爱，并甘愿忍受为上班而长途奔波的状况。美国郊区的独特性还在于它们政治上的独立性。与欧洲相比，合并为一体的郊区反对由大都会管理的运动。来自马萨诸塞州的布鲁克林、伊利诺斯州的埃文斯顿、加利福尼亚州的贝弗利山的郊区反对吞并，并形成了自治市（Gilfoyle，1998）。这种政治力量导致了我们今天所拥有的支离的、多中心的大都会的出现。

在菲克曼和弗勒（Fichman and Fowler，2003）看来，郊区化（suburbanization）与城市构成过程的显著不同之处在于其单一的种族特性。在美国，数十年来，城市外围的大型住宅开发区都为白人所主宰。即使如今已变得更为多样化，但相对而言，郊区区域依旧比市中心区域有更多的白人并更加富裕。有大量美国人居住在此。根据美国人口普查数据，1998年，总人口的51%是郊区人，相比之下，居住在该国市中心的人口为29%。在美国各地，随着郊区化的推进，市中心失去了多达50%的人口。巴尔的摩、费城、芝加哥、波士顿、底特律、圣路易斯、水牛城和克利夫兰这些地方的人口要少于其周边区域。有几座城市自20世纪50年代的大规模郊区化期间以来就一直在发展，包括达拉斯、休斯敦、菲尼克斯和圣迭哥，但它们之所以能够做到这一点，主要是因为其拥有合并外围领域的能力。在其他国家，由于没有这样的力量，传统城市便被向位于地区部署的毗邻区域的人口转移所打败。

除了种族和阶层的排斥之外，我们社会的大范围的郊区发展，还是促成家庭对于拥有独栋住房的渴望以支持这种开发模式的政府计划的结果。尤其是两项计划，对于理解郊区化为何在美国变得如此流行以及土地使用出现如此巨大的转变而言至关重要——一是自宅税补贴，它于20世纪30年代得以通过，旨在恢复大萧条时期的住房业；另一个是20世纪50年代的国家高速公路防御体系法案（National Defense System of Highway Act），它确立了纵横交错的州际高速公路网藉以在全国各地得以建设的手段。两项政策都公开加以运作，导致了我们市中心外围的大规模郊区开发，而且它们都导致了地区增长的出现。有关这些力量的更多扩展讨论参见“多中心大都会区域”条目。

在其他条目中——新城市主义、扩张、可持续城市化——我们已讨论了对于郊区生活的批评。刘易斯·芒福德是最早对这种增长形式发出悲叹的人之一。正如他最常做的那样，芒福德强调以埃比尼泽·霍华德的方式来进行丛聚式开发的超级益处。然而，这种批评指向的并不是郊区化本身，而是它所带来的扩张模式。从芒福德的那个时代起，郊区生活就时常受到有城市基础的批评者的诽谤。可是，他们持续的攻击既没有阻止郊区化的推进步伐，也没有使政府领导人相信郊区的选择是错误的。相反，我们的社会已被分成了两派，一派是由持续攻击郊区开发的建筑师、规划师和城市学家构成的相对较小的群体，一派是前往郊区生活的绝大多数人。

毫无疑问，扩张模式导致了许多我们社会必须加以面对的问题。不过，对扩张的批评时常会错失它们的目标，因为它们与对郊区生活方式本身的攻击混为了一谈。例见“新城市主义”条目。然而，从欧洲的视角来看，一些作者已对这种批评提出了质疑，其方式是指出这样一个事实：为美国提供了其全球竞争优势的高科技信息经济较为一致地落户于郊区而非市中心地区。

例如，根据《经济学人》（*The Economist*，2000）的说法：

> 电影《美国美人》（*American Beauty*）重复了这样一种对郊区的看法：它们是单调乏味和疏离异化的涡流——至少自约翰·契弗（John Cheever）以来，这就一直是艺术性蔑视的主要成分。这种观点也许从来就不大正确。时至今日，它就更不正确了，因

为郊区以各种各样超乎寻常的手段发生着改变。如果对郊区的抱怨注定永远不变，那么郊区本身将会变得让所有人都认不出来。

最显著的改变是，郊区是美国经济中几乎所有新之又新的事物的锻造之地。微软公司位于西雅图的一处郊区。硅谷是由朴素的（尽管是昂贵的）平房和零售店悄无声息地扩展而来。新经济和新郊区其实是一回事。

这篇文章继续说道，与社会空间法相一致，当前的信息和高科技导向的经济有助于维持多中心区域的开发，其方式与 18 世纪资本主义制造业体系导致工业城镇的方式非常相似。文章还注意到市中心外围区域在阶层和种族两方面的日益多样性：

郊区也正在变得不那么单一和中产阶级化。郊区既可是蓝领的，也可是白领的。不过，一些郊区内部正变得越来越混杂。郊区也不像在大都会人想象中那样复杂，是只有白人的飞地。亚特兰大、芝加哥和华盛顿特区全都拥有蓬勃兴旺的黑人社区。在加利福尼亚南部，新兴的唐人街和小西贡位于郊区而非市中心。美国许多最具民族多样性的地方现在都在郊区。

正如新城市主义者所认为的那样，由郊区化的主导地位所引起的关键问题似乎不是要消灭郊区，而是要对其消极方面、尤其是扩张采取一些行动。出于这一原因，诸如“可持续城市主义”（sustainable urbanism）及其他整体分析之类的政治运动十分重要（参见“可持续城市化”条目）。事实上，城市和郊区区域两者都是旨在解决我们社会中日常生活问题的重要社会运动的所在地。进一步的讨论，参见“城市与郊区的社会运动”、“扩张”条目。

最后，认为美国这样的国家大范围的郊区区域没有社会问题的看法是错误的。人们已经注意到了扩张及其消极后果所带来的问题。郊区区域缺乏公共空间，且太过依赖汽车。它们失去了密度较高、较为集中的开发区可能会提供的优势（参见“扩张”条目）。

参考文献

Fichman，M. and E. P. Fowler，2003. ‘The Science and Politics of Sprawl：From Suburbia to Creative Citybuilding’ Unpublished paper，York University.

Gilfoyle，T. 1998，‘White Cities，Linguistic Turns and Disneylands：The New Paradigms of Urban History’ *Reviews in American History*，26：175～204.

Gottdiener，M. and G. Kephart 1990. ‘The Multi-Nucleated Metropolitan Region：A Comparative Analysis’ In R. Kling，S. Olin and M. Poster (eds) *Post Suburban California*. Berkeley，CA：University of California Press.

The Economist，24 March 2000.

可持续城市化

根据可持续城市化（sustainable urbanization）这一概念，为了现在以及将来的人们，对于社会和经济方面的城市发展的追求要与对地球资源的保护和维护协同进行；自然资源以及自然体系对人为的变化作出反应和调节的能力是有限的，这必须在发展规划中有所认知。

关于这一内容的另一术语是“宜居城市”（livable cities）。可持续观在运用于城市时所引起的一个关键问题是，如何将一切城市活动对环境的影响降至最低。这意味着，对于地方区域而言，废物处理和资源需求都要降至最小的程度，这被称为“生态足迹”（ecological footprint）。可持续性的其他方面指的是在一个指定区域内的社会成本和经济选择，但始于对我们目前的城市发展模式强烈关注的运动正在威胁到全球各地环境的生命力。

在英国，可持续城市是城市政策的核心。然而，对于英国政策制定者而言，构成可持续城市的东西是什么尚不清楚。《关于城市复兴》（*Towards an Urban Renaissance*）这份报告提及了经济、社会和环境语境，但并未提及如何将它们加以整合，以营造和培养可持续城市。人们强调优秀的城市设计，将不可持续的休斯敦形式与可持续的、更紧凑的英国城市进行比较，尽管两地其实大同小异。英国诺森比亚大学的可持续城市研究所（The Sustainable Cities Research Institute）长于对可持续性的单一计划的研究，却短于对可持续城市的定义(http://www.sustainable-cities.org.uk/home.html)。

在欧洲的其他地方，欧洲委员会于 2004 年 1 月正式通过了 COM

(2004) 60 号文告《关于城市环境的主题策略》(*Towards a Thematic Strategy on the Urban Environment*),它阐述了欧洲委员会对于至 2005 年夏季城市环境的主题策略的看法。其中有四个主题:环境管理、城市运输、可持续建构、城市设计。这些主题在性质上是相互交叉的,与许多环境问题都有紧密的关联。(参见:http://europa.eu.int/comm/environment/urban/thematic_strategy.htm)

从全球来看,"可持续发展"的理念出现于 20 世纪 70 年代,是在形成应对人口、环境和工业发展间关系的政策时的指导性原则(Marquette, n.d.)。联合国为了使其成员国中的可持续发展制度化,于 1987 年成立了世界环境与发展委员会(World Commission on Environment and Development)。该委员会的报告《我们共同的未来》(*Our Common Future*)借时任委员会主席的挪威首相之名,也被称为"布伦兰特报告"(Brundtlandt Report)。报告为政策制定者定义了五条有关可持续发展的清晰原则:

(1) 改变目前有可能对环境和人口造成负面影响的经济增长、技术、生产和管理模式。

(2) 确保全人类的就业、食品、能源、安全的水和卫生服务。

(3) 控制全球人口增长。

(4) 为了将来的人保护自然资源。

(5) 在政策决策和规划中整合经济、环境和人口等考虑因素。

也许会受到这一有关增长的意识形态有益影响的世界地区不仅限于第三世界。拥有过渡经济的前苏联国家有着实施改善环境质量的可持续发展政策的独特地位。这番话对于那些一直在经受去工业化的严重打击、如今必须找到新的发展方式的发达国家的古老城市而言同样适用。

执行可持续发展就意味着政府要扮演增长管理人的关键角色。这不是所有国家、尤其是美国这样的国家将会赞同的角色。管理的一个首要领域涉及通过对工业、农业、能源和运输系统、人口健康、垃圾管理和自然资源开发的监督来调节环境。

那些追求可持续增长的国家可以获得以下政策措施：制定和加强法律、进行工业改革、调节增长和经济活动、确立环境保护基金和奖励机制、扩展环境教育、建立有毒垃圾清理基金、支持研究（Marquette，n. d.）。

可使资本主义市场社会考虑有所增加的政府干预的论点包括：削减社会健康和环境损害成本的必要性，这一观念得到认可后所带来的更高效率，出于资源管理之责任而在未来提高工业成本的比率的下降。

可持续观念具体体现为这样一种强大的信念：除了政府和私营部门的干预外，地方各类社群团体必须积极参与进来，推动健康的或有创造力的增长。这包括家庭层面的资源节约、再循环利用以及对交通之类的公共配给资源的支持。

还有将技术视为资源乃至增长救星的更为乐观的和怀疑的观点。但是，与此同时，也有人呼吁开发将有助于可持续性和有助于保护地球负荷能力的新技术模型。

“布伦兰特报告”还注意到，北方市民所钟爱的生活方式以及包括城市得以建设的方式在内的生活方式，在环境上都不是可持续的。这是激发了里约热内卢“地球峰会”的核心信息，导致了大规模的“面向21世纪行动计划”（AGENDA 21）的签署，该行动计划是将发展过程转向可持续性的基石。世界上的大多数国家都认识到，当今的发展过程建立在不可再生资源的基础之上，对环境有着破坏性的影响。这种情况将得到扭转。如今的重点在于，在建设和维护建成环境的过程中，以尽可能多的方式使用可再生资源，从而为了未来的人们，使地球得到持续。

波特尼（Portney，2003）的一项研究注意到，在美国，25座城市最近签署了一份誓约，并拨出资源以进行可持续增长。这些城市包括：

波特兰、西雅图、圣何塞、旧金山、博尔德、图森、菲尼克斯、查塔努加、杰克逊维尔、密尔沃基、波士顿等等。然而，可持续性的焦点对于每个城市而言都有所不同。所有努力的核心思想是使增长和资源利用与当地区域的自然体系的承载能力相匹配。例如，捕鱼业应当使供人消耗的获取量与鱼的再生能力相匹配，将获取量限制在不会打破这种平衡的水平。所以，可持续性不是反增长本身，但它确实强调管理发展的政府干预。实际上，这些城市中的每一个都正式通过了各种各样的政策，它们全都被置于可持续性的标签之下。例如，加利福尼亚的圣巴巴拉聚焦于环境；在马萨诸塞的坎布里奇，目标更为广大，将健康、幸福、经济安全和社区角色都纳入了规划决策之中。波特尼的是第一项切实地测量城市正在做什么和怎么做的研究。尤其是在里约热内卢峰会之后，许多区域都说，它们有志于可持续增长，但波特尼则研究了城市到底做了些什么（如果它们做了任何努力的话）来实现这一目标。

最困难的任务是形成资源利用测量和可持续性测量。“任何对概念性文献的近距离阅读都会得到这样的结论：持续性本身是个多维度的概念，任何想要测量一个城市对待可持续性的态度的认真程度的努力，也必须要去解释它的方方面面（Portney，2003：31）。”关键的指数变成了城市是否实际上形成了可得到清晰认知的可持续性规划。然后，重要的标志是城市是否已将“可持续性指数”纳入到了规划之中。因而，可持续性其实是种落实战略性规划的方式，其中，增长目标得到了清晰表述，并且有得到充分定义的指标，可显示目标是否正在被实现。

被 25 座研究城市用在了当地的可持续发展设想之中的一些因素包括：一个综合全面的地区大规划的存在、环境目标、健康目标、能源效能、地方经济发展目标、生活品质指数、环境和社会平等问题、管理和委托统治的社区对决策的参与问题、为实施规划做出了什么样的管理安排，规划与地区规划是否相关。

在波特尼看来：

> 在这些可持续性指标中，此处最重要的是不要利用它们去评估城市是否实现了自己的目标并是否变得更加具有可持续性。因为城市开始对可持续性的追求才没过多久，这样一种努力尚未成熟。倒不如去检测它们，看看它们将什么当作为了可持续性而努力的重要标准和原则，看看它们是否针对以下问题提供了适当的结果：如果它们希望认真对待可持续性，它们需要解决什么样的问题？（2003：37）

比较研究的另一个益处是，揭示了城市所表达的用于可持续规划的社会指标的方式。这些指标因城市而异。然而，波特尼的研究有助于传播这些信息，以便地方可以决定可供选择的指标是否更适于当地的需要。一个结果是“指标工程”的出台，它旨在寻找和量身定做用于战略性规划之中的恰当的可持续性措施。

> 这些已形成的指标目的是为评估是否取得了变得更具可持续性的进步提供合理而清晰的测量和检测……指标工程在根本上搜寻的是它们的城市可获得的现有信息资源，并考虑哪些信息有可能提供迈向可持续性进步的洞识。指标工程极少致力于形成对重要特性加以测量的新方法。（Portney，2003：40）

以下是被一些城市所使用的指标的总结：

对以下内容的测量：空气质量、生物多样性、能源、气候变化、臭氧损耗、食物、有害物质、人类健康、公园和开放空间、经济发展、人口增长、环境正义、公共信息与通过教育的传播、固态废料、交通运输、水质量、市政支出、保护。

波特尼的研究揭示，在实施一项规划时，以下全都是重要的考虑因素：

- 使社区能够鉴别它认为有价值的事物，然后给这一事物以优先权。
- 牢牢抓住为实现结果负责任的个人和更大的团体。
- 建立决策和参与的民主机制。
- 允许社区居民来测评重要的作为，并将之运用于规划过程当中。

很明显，追求可持续性的关键问题在于执行以及政府抓住城市中负有责任的团体和个人的能力。

波特尼观察发现，为地方区域所用的每一套指标都是当地居民认为最为重要的指标本身。聚焦于民族、社会和文化问题的可持续性指标包括：无家可归的居民数量、暴力犯罪的数量、总犯罪率、虐待儿童的频率。政治问题包括：参与程度、投票率、居民与官员的接触频率、志愿劳动力使用程度。

最后，波特尼能够得出一些认真追求可持续性的总体指标：是否有——群集的住宅开发区、轻污染工业用地的再开发、生态工业园、智能增长分区和规划、公共交通、合乘汽车车道、市中心停车限制、自行车骑行者计划、家庭垃圾的再循环、工业再循环、空气污染的降低、有害垃圾处理计划、所有政府办公室中的再循环、铅和石棉的消除计划、可再生能源的使用、能源的节约、可替代能源计划、水节约、本地居民对规划的参与。

利用这些指标，他对 24 座称自己正在追求可持续性的城市进行了排位：西雅图、斯科茨代尔、圣何塞、博尔德、圣塔莫尼卡、波特兰、旧金山、坦帕、查塔努加、图森位列前十。第 15 位至第 24 位的十座垫底的城市是克利夫兰、布鲁克林、波士顿、奥兰多、圣巴巴拉、印第安纳波利斯、奥林匹亚、纽黑文、布朗斯威尔、杰克逊维尔和坎布里奇（MA）。

总之，波特尼发现，在所有声称自己正在追求可持续发展的某些方面的 24 座城市中，只有 8 座城市在认真对待这一目标。

增长对智能型增长

“智能型增长”（smart growth）这一概念与可持续性有关。有时，前者会被用于追求地方区域的规划更好的政治运动中。

“智能型增长”所提倡的是，增长本身应当与生活品质相关联，如果不相关联，这样的增长就不应受到追捧。在所有问题中，扩张模式是最受痛恨的。因而，“智能型增长”是站在被视为“笨”增长且会破坏地区繁荣发展的当代扩张模式对立面上的看法。它的反面始终是缺乏规划和缺乏环境的公共管理造成的不受管理的低密度扩张，由此又带来了交通拥堵，增加了基本社会服务的成本。

在波特尼（2003：40）看来，“智能型增长意识到了发展与生活品质之间的关系。它会对改善社区的新增长产生影响。区分一个社区中智能型增长的特征因地方而异。新的智能型增长更加以城镇为中心，以公共交通运输系统和行人为导向，拥有住房、商业和零售业用途的大交汇。它还会保护开放空间和其他环境便利设施”。

美国的许多区域都已经对增长所造成的问题作出了回应，但其方式只是在增长有可能获批之前简单地执行要进行规划的州法令。也就是说，必须制定并落实一个总体规划。但是，我们当然知道，所有这些规划是如何被增长的需求所颠覆的（参见“规划”、“房地产”、“扩张”条目）。

某些成功的“智能型增长”的例子是波特兰和西雅图。在波特兰，使用了分区规定以保护环境敏感地区或有价值的地区。这些所谓的环境带（environmental zones）是总体规划的一部分。“扩张”条目讨论了一项新研究，该研究显示了此波特兰规划中的一些内容如何被开发商所颠覆。西雅图市采纳了“都市村庄”（urban villages）的概念，将之作为隐藏于总体规划背后的组织原则，该规划将提供调节与刺激以在城市的各区段形成令人满意的发展或智能型增长。西雅图的一个大型工程名为“住宅区街区”（Uptown District），它是对一家关闭的西尔斯商场和停车场的再开发。该工程尝试了配有住宅区的都市村庄的混合使用。有关这一工程以及被证明不成功的原因的讨论参见“新城市主义”条目。总的来说，人们抵制抛弃自己的汽车变成行人的观点，尽管智能型增长不遗余力地提倡人们那么做。波特兰和西雅图这两个例子都在有关智能型增长和新城市主义的文献中频频被引用，但两者都只取得了有限的成功。出于这一原因，研究我们社会中增长的强大力量破坏、力争更好的规划方式非常重要。前面的条目提供了这方面的信息。

参考文献

Marquette, Catherine, n. d. ‘Population and Environment in Industrialized Regions’.

International Union for the Scientific Study of Population, Policy and Research, *Paper* #8.

Portney, K. 2003. *Taking Sustainable Cities Seriously*. Cambridge, MA: MIT Press.

不均衡发展/繁荣与萧条的循环

不均衡发展（uneven development）是在资本主义制度下以自由的土地市场为条件的追求最高回报率的不同投资方式所造成的，它导致了贫困与富裕相毗邻的空间效果。

城市与郊区的安置空间因资本投资而流动和发展。货币的兴衰起伏决定着社区的安康状况。不仅是由此创造的就业岗位，而且连同经济活动都能产生税收。后者常被地方政府部分地用来资助改善社区生活质量的公共工程。但公共和私人开销都不会统一分布在整个大都会区域。一些地方获得的投资要大大多于其他地方。即使在城市内部，一些经济活动的集中地区与一些似乎很少被商业和工业所触及的地区之间也存在着巨大的差异。

在任何指定的行业内部，报酬优厚的工作人员与只得到最低工资的工作人员之间也有天壤之别。工资被带回家，然后是邻里街区，所以有相当的比例体现在地方区域之中。因此一个地方的安康不仅取决于它可吸引的投资数量，而且也取决于其居民的富裕程度。

不均衡发展并非仅为资本主义社会的特征。社会主义城市也显示了住房方面的不平等模式，尽管它不像资本主义制度下那么明显。

随着资本变得更加具有流动性，它在一个地方的投资和随后的撤资都变得更加容易。结果，主要在地方上展现自己繁荣与萧条的循环（boom and bust cycle）得到了提速。曾经的繁荣区域，如高科技的硅谷或“工业衰退地带”（rust belt）的城市市中心街区，会将其制造业输给国外的区域，因为全球投资的转变为寻求最廉价的生产成本和最高的利润，于是这些区域就会变得萧条。繁荣与萧条的循环以及其空间后果，起初是被当作资本主义制度中固有的结构性行业循环的极端例证来观察的，但这要花数十年的时间才能出结果。繁荣、萧条、衰退和恢复的转变期过去在美国社会中相当常见，而且在循环中仍旧十分明显，即使经历了大萧条以来，财政政策已消除了其极端性。现在，我们了解到，这同一种循环也可被应用于空间。时至今日，区位对持续的资本投资流的依赖是如此之大，使得货币流动中的这一重大变动导致了即时的空间后果。全球资本已经加速了投资从一个地方转向另一个地方的能力，而伴随这一运动而来的，是社区的安康以我们以前从未经历过的快速步伐出现变化。

不均衡发展常常会因资本主义的逻辑而导致更加不平衡的发展。在资本主义制度下，人们从来不愿投资业已衰退且不能提供能获取利润的诱因的地方，作为这种内在欲望的结果，不均衡发展通常会随着时间的推移变得愈加尖锐。这种模式增加了贫穷之地和繁荣之地间的两极分化。但地方是由人构成的，所以空间的差异会给大都会居民带来不同的生活机会。正如恩格斯（1973）在曼彻斯特所观察到的，当那些较不富裕的工人阶级成员发现难以养家糊口时，不平等就造成了社会正义问题。所以，在哈维·佐尔博于 1928 年对黄金海岸与贫民窟现象作出描述的近 100 年前，这一现象就已经得到了关注。

不均衡发展概念还可以应用于整个社会，而非只是其空间模式。对待此概念更普遍的方式是马克思主义资本主义分析的特征。在马克思看来，“资本主义一个重大的矛盾在于，财富和资本的集中与贫穷和压迫会同时出现。这种马克思所说的‘资本主义积累的普遍规律’突显了劳资冲突”（Bond，1999）。

在亨利·列斐伏尔看来，这种积累和拥有权方面的不平衡通过居住模式和城市服务提供方面的不平等在空间上得到表达。列斐伏尔的阐释导致了城市研究的社会空间法（参见该条目）。

在如奥斯卡·兰格（Oskar Lange）这样的政治经济学家看来，不均衡发展显然是社会中不同的拥有关系和再生产的社会关系所带来的结果。这导致了社会和经济不平等以及随后的空间不平衡，因为不均衡发展在自由房地产市场中将自己展现为一种隔离模式。于是，阶级冲突得到了比社会空间差异更多的强调。

因为马克思的观察，大多数分析此现象的人都主要关注的是它的政治含义——它是劳资冲突的基础。

马克思主义思想的另一支系源于他在《政治经济学批判大纲》(*Grundrisse*，1973) 中的论述，他认为，不均衡发展是不同的生产模式相结合的结果。这将是结构性的和最宏观的术语概念。当旧模式衰退而新模式上升时，不均衡发展就会产生，但这也有其空间组成部分。一直在被去工业化但曾经繁荣昌盛的区域现在一定会衰弱下来，而高科技的和与计算机相关的行业中的新生产模式所在区域现在则大获全胜。

> 就空间而言，不平衡一向与关于不平等交换和中心—边缘支配形式的理论有关。这部分是因为，它们的基础是第三世界的民族主义进程。此类争议导致的结果是对国家关系的过分强调，以及对地方“欠发达”的形成更具决定性的资本流动和社会斗争的强调不足。(Bond，1999)

戴维·哈维 (1996) 认为，历史—地理唯物主义带来了对于不平衡过程的更加普遍的思考。地理不平衡性的关键要点是在不同时间范围内向不同投资者提供的整个建成环境的营造和/或毁灭——以及与之相伴的社会结构——的不同的投资回报。与此同时，不同地点会与其他地点进行永无止境的竞争以吸引投资。在此过程中，它们往往会扩大不平衡性，使资本得以利用一种地方区域的或国家级的构造反对另一种构造。

当政治经济学家们清晰明确地聚焦于不均衡发展的阶级后果之时，

美国城市区域还经历了种族方面的不均衡发展。城市不平等问题多少是个不同的话题。但是，在不均衡发展方面，人们则可以认为，种族歧视将一种褊狭而有限的机会结构摆在了受害者面前。这随后反映在教育程度、医疗救治、寿命等方面的差异中。有关美国城市，尤其是底特律和亚特兰大的研究不断显示，虽然人们作出了相当多的努力，但在涉及种族问题时，空间始终处于隔离状态，即使是在经济条件随着时间得到了极大的改善时（Dareden et al.，1990）。

两种相关的力量汇聚在底特律。一方面，地方政府受到行业，尤其是汽车公司利益的控制，对资本需求作出了最大程度的响应，对于大众的平等呼吁则置若罔闻；另一方面，住房中的种族隔离像在美国其他地方一样，通过房地产业和银行贷款政策的过滤机制而得以步步推进。克拉伦斯·斯通（Clarence Stone）的亚特兰大研究也显示了第二种情况的运行，它与其他地方没有什么区别，但同时也记录了第一种情况如何因亚特兰大政府为黑人所控制而未能出现。在这个特殊案例中，使不均衡发展得以持续的是黑人社区之间和内部的阶级状况。那些富裕的人离开了。那些不富裕的人则仍旧被隔在市中心，在要求地方政府解决自己的需求方面没有中产阶级那么成功。总之，不平衡的种族居住地是美国城市的一个重大问题，无论这些城市是否拥有进步的政府（参见“不平等与贫困”条目）。

另一项重要的个案研究是伊利诺斯的芝加哥（Nyden and Nyden，1999：1）。在那里，正如哈维·佐尔博（1928）所注意到的那样，不平衡的收入分配问题在70年前就已经体现在空间中。据Nyden and Nyden，“（沿北密歇根大道的）宏伟大街北面的黄金海岸大厦与向西仅6个街区之外的低收入邻里街区之间的对比依旧存在。在1980年，美国最贫穷的15个邻里街区中，有9个在芝加哥。去年（1998年），芝加哥被列在种族隔离程度最高的美国城市的第三位，仅次于印第安纳州的加里和密歇根州的底特律”。

Nyden and Nyden发现，像其他地方一样，芝加哥种族隔离的这种极端案例由住房隔离、基于种族的地方政策以及歧视性借款活动所引起：

> 不均衡发展的象征体系甚至通过职业体育运动得到体现。小熊队的主场瑞格利球场（Wrigley Field）因其鲜明的市中心特征而被人们亲热地描绘为“友好疆界”。这座位于中产阶级化了的“瑞格利维尔”的历史悠久的球场到处是受人欢迎的酒吧和流行餐馆，与在南面为白袜队修建的大型水泥运动场科米斯基体育场（Comisky Park）形成了鲜明的对比……它与美国最大的两个公共住房集中地“泰勒之家”（Taylor Homes）和“斯泰特维花园”（Stateway Gardens）仅隔着一条12号州际公路。（1999：2）

从历史上看，芝加哥滨湖停车系统的建造是为了向北部更富裕和白人更多的邻里街区提供更好的服务。这种结构性的实情进而导致了开销方面的公共不平等。“除了拥有比南面湖畔多出双倍的土地面积外，北部区域还拥有更多的食品特许摊位、游戏场地、小船坞和其他令人愉快的事物。”（Nyden and Nyden，1999）

芝加哥还显示了在其他地方观察到的行业的去工业化阶段之后出现的不平衡投资模式，它们目前倾向于较富裕街区的中心，而将其他一些区域排斥在外。大量私人投资流入位于密歇根大道的传统的“黄金海岸”，给它带来了公共部门在提升公共交通系统之类的事物上的花费。为高端工作者提供的住房和零售接踵而至。“与此同时，城市正在经历可负担得起的住房的短缺，造成这种情况的部分原因是，建造于20世纪50年代和60年代的聚集了许多低收入家庭的高层公共住房的拆除。虽然自由人士和保守主义者之类的人都认识到，将穷人集中在高层住房之中的政策是种失败的政策，但芝加哥没有一项有关建设和维持可负担得起的住房的清晰战略，这一情况一直是城市与社区政治的一条重要的战线（Nyden and Nyden，1999：2）。可负担得起的住房的缺失模式仍在持续。

简言之，因为美国自由市场的力量，在这个国家中，既存在清晰可见的阶级和种族两个方面不均衡发展的例子，也存在地方安康中的破坏性的繁荣与萧条的循环的鲜明事例。

参考文献

Bond, Patrick, 1999. 'What is Uneven Development?' in P. O'Hara (ed.) *The Encyclopedia of Political Economy*. London: Routledge.

Darden, J. et al. 1990. *Detroit: Race and Uneven Development*. Philadelphia: Temple University Press.

Engels, F. 1973. *The Condition of the Working Class in England*. Moscow: Progress Publishers.

Gottdiener, M. and R. Hutchison 2000. *The New Urban Sociology*, 2nd Edition. NY: McGraw-Hill.

Harvey, D. 1996. *Justice, Nature and the Geography of Difference*. Oxford: Blackwell.

Marx, Karl 1973. *The Grundrisse*. NY: Vintage.

Nyden, Phil and Gwen Nyden 1999. 'Battling Uneven Development in Chicago' from *Footnotes*, July/August.

Zorbaugh, Harvey 1928. *The Gold Coast and the Slum*. Chicago: University of Chicago Press.

城市与郊区的社会运动

社会运动是针对政府并要求社会组织中的结构变化的有组织的政治运动。城市与郊区的社会运动（Urban and suburban social movements）的目标是地方政府。个人和社群通常会组织起来，力图影响其政治领导人。当参与者的总数达到相当的数量时，一场社会运动便应运而生。在过去，此类运动一直围绕着租赁人的权益、学校董事会的社群控制权、福利权益、邻里街区的治安以及社区再开发等问题而发起。较近些时候，致力于智能型增长和可持续发展的活动也可以被视为社会运动。

城市居民通常会在日常基础之上应对种种不便。有时这些恼人的事情，如不充足的垃圾收集处理或危险的交通路口，始终都是问题。当人们觉得这种情况需要政治关注时，他们也许就会组织起来影响市政府。通常情况下，这些抗议会通过市长或他/她的工作人员的直接干预而得到解决。这些结果中也存在阶层效应的作用。当较富裕的邻里街区发出抱怨时，他们的抱怨会比不富裕的街区得到更及时的解决。可是，当没有采取任何适当的措施时，一场社会运动就可能因此发生。最常见的是，地方邻里街区试图通过其选举代表来保持与市政府的接触，以避免兴师动众之举。这种城市管理者与本地居民之间的意见交换构成了城市政治的大部分日常业务。

市政府要关注生活质量的维持。当税收作为城市经济衰退的后果而连续数十年下降时，许多城市政体都会经历“财政危机”（参见该条目）。也就是说，由于缺少资金，它们再也无力按照过去的质量水平或价格来支撑公共服务。与此相应，公共交通开支便有可能上升。服务的削减有可能发生。消防队或市政医院有可能被关闭。所有城市居民都会受到影响。这同样的现象也许还会影响到郊区。地方政府的财政危机有时会限制政治视野。最常见的是，通过在州或联邦层面上启用的工程计划来寻求缓解。尽管出现了数十年的萧条，但正是因为国家的计划，使城市生活质量的大部分都得到维持。

通常说来，光是花钱还不够。在此类情况中，社会运动有可能兴起，以影响生活质量，使之变得更好。然而，危险在于，许多社会运动变得专业化和正式化了。在东德，直到20世纪80年代，都很少有反对前共产党政体的对立团体。继戈尔巴乔夫（Gorbachev）的“开放”（glasnost）计划在苏联实施之后，随着自由化压力的增加，市民团体如雨后春笋般地在东柏林、莱比锡、德累斯顿和其他东德城市中涌现。在统一之后，所有这些运动都得到了地方当局的补贴或承保，从而失去了其独立性和合法性（Rink，2000）。在英国，20世纪70年代的违章留居、合作建房和自建房运动发现自己被收编进了社会住房之中。现在，社会住房是项利用国际银行界贷款的数百万英镑的生意。简言之，城市社会运动之所以时常会得到补选，正是因为它们提出的都是地方政府最终必须面对的问题。然而，为了继续为其特殊利益而战斗，它们必须保持独立。因此，许多城市社会运动面临的是种矛盾的局面。

郊区也有社会运动。这些运动也许不同于城市的那些建立在所表达的担忧以及住房保有状况（即人是房主还是租客）基础之上的社会运动。一个郊区的常见忧虑是交通控制。随着郊区地区的开发，成熟的汽车通勤模式也许会随着时间的推移而出现。曾经安静和安全的交通路口变得险象环生。当这种情况出现时，居民们就必须组织起来，以便自己的选举代表插手新的交通控制。因为郊区生活的低密度性，这通常是件困难的任务。受影响最严重的部分人必须将没有受到增加的交通拥堵的重大影响的居民也组织起来，以获得有可能影响政府的人数。因为更需要组织性，所以便有可能形成一场社会运动。

一个几乎所有郊区居民都会担心的方面是住房的所有权。独栋家用住房的拥有者拥有不管他们住在郊区的哪个地方都需要得到保护的利益。接下来的问题涉及这些区域开发时所带来的快速增长的影响。最初搬进一个地方的居民通常会憎恨越来越多的人居住在那里的后果，如越来越拥挤的交通、越来越高的税、社区资源的消耗以及负担过重的教育系统问题等。当这些问题达到足够的量级时，郊区居民为控制未来的增长而组织起来就成了司空见惯的事情。这些“增长控制”运动构成了郊区政治的重要方面，因为人们渐渐相信，地方政府应当维持生活质量，而这通常会受到快速发展的威胁。

得到通过的增长控制倡议通常会导致未开发的剩余土地被重新分区至一块更大的土地中，从而通过限制新建住房的数量来限制未来人口。这些同样的措施还会导致新房价格的提升。较不富裕的家庭于是会发现，搬进已经实施了增长控制的社区变得越来越困难。这就使得这样的地方与担心平等住房机会的州或国家的立法者之间出现不和。出于这一原因，地方郊区政治有可能变得相当富有争议性。

郊区的另一常见的政治运动是抗税。郊区服务受到作为税收的首要财政工具的财产税的支持，居民通常会认为这种税赋形式是额外的。例如，增加财产税以便为新来的居民支付扩增的教育设施的做法可能会受到已经看着自己的孩子长大成人并离开的老居民的反对。因而冲突便会在那些仍旧需要支撑服务的税收的人与那些觉得自己不需要税收的人之间发生。在 20 世纪 70 年代和 80 年代，当郊区开发达到高峰时，在全国许多地方都爆发了抗税运动，居民们组织起来阻止增税。为解除老居民的税赋而改写免税代码的措施，如加利福尼亚的第 13 号提案，对社会服务的公共支持产生了持续影响。

参考文献

Gottdiener, M. and Ray Hutchison 2000, *The New Urban Sociology*, 2nd Edition, NY: McGraw-Hill.

Rink, D. 2000. 'Local Citizen's Initiatives During the (East) German Transformation' in P. Hamel, H. Lustiger-Thaler and M. Mayer (eds), *Urban Movements in a Globalising World*. London: Routledge.

城市政治与郊区政治

在 20 世纪 60 年代之前，市政府大权在握。除了人们通过控制资本和土地资源来获取钱财外，对政府的官僚机构和决策权力的控制也是获取财富的独立手段。征税或控制土地和公共服务这两个方面的权力都使地方政府官员对他人的钱财具有了巨大的影响力。因为公共部门的服务，城市也是主要的雇主。出于所有这些原因，有组织的利益集团总是彼此竞争，以影响和控制地方政府。这种斗争无论是发生在城市还是郊区，都会上演政治剧。

在 20 世纪 80 年代以前，典型的城市体制反映了传统民族团体的参与，如爱尔兰人、波兰人、意大利人和犹太人。较近些时候，由于中心城市中少数民族影响的增加，这种构成已经发生了转变。有 300 多座美国城市拥有少数民族市长，最常见的是非洲裔美国人，但现在，拉美裔社群权力的增长反映在了城市领导权之上。在以白人占压倒性多数的郊区，大权在握的利益集团的最典型特征是中产阶级的关注而非种族影响。郊区政府无一例外地由房地产开发商和致力于保持以家庭为导向的品质和住房价值的活跃的中产阶级业主代表所控制。

由谁来控制地方政府的问题一直是城市文献中的一个重要问题。三种观点引起了争论——精英观点、多元论观点和州管理主义观点。弗洛德·亨特（Floyd Hunter）于 20 世纪 60 年代对亚特兰大的研究确立了精英（elitist）观。他认为，城市控制在一些强有力的精英手中。有影响力的领导集团最常由财政方面的和经过挑选的行业利益集团所构成，包括房地产开发商以及从社区权力基础上发挥作用的职业政客。

另外一些分析家，如罗伯特·达尔（Robert Dahl），反对这样的观点，认为多元主义的（pluralist）利益会反映在地方政治中。在达尔看来，尽管存在一个由具有影响力的人物构成的团体，但许多社群利益集团是在地方政治中得到承认的。时至今日，我们明白了，最常见的情况是，地方政府是精英和社群利益集团的组合。有权有势的人不一定要控制每个决定。只有当其最切身的利益处于危险状态时，他们才会出手干预。就连像达尔这样的多元论倡导者也渐渐认识到了精英权力运作的这一真相。社群利益通常会得到地方政府的承认，除非它们与行业精英们的利益发生了冲突。结果，这种利益的混合最能代表地方政治的特征。然而，除此之外，还有一种观点与此看法相一致。现在我们还知道，政府雇员和管理者可能有其自己的独立利益集团。这种州管理主义（state managerialism）观对理解地方政治而言也很重要。

在英国，玛格丽特·撒切尔（Margaret Thatcher）首相试图消除城市政治的一切印迹，因为“城市人口”代表着阻碍她在 20 世纪 80 年代强制推行市场秩序之地。在托尼·布莱尔治下的新劳工党试图复兴城市，并部分授权给地方政府。然而，它从美国借来并试图在英国语境下加以实施的技术专家统治论的方法，却在致力于避免城市政策的新生。英国目前的城市政策围绕着核心城市（Core Cities）在运转，它追求的是利用技术专家和管理的手段来提升这些城市的竞争力，从而使城市的市中心得以复兴。市民的参与以及能够使这些城市中的社群改善自己生活的做法则引人注目地缺席了这一规划（www. odpm. gov. uk）。

虽然精英集团一成不变地根深蒂固，但作为不同群体间的权力竞争的结果，它们的构成确实在随着时间而改变。例如，有相当多的证据表明，今天的许多城市为银行和金融利益集团所主宰，因为商业社群的这一派系仍在市中心有投资，如金融中心。相反，郊区和阳光地带的一些新城市所拥有的统治精英感兴趣的是房地产和地方公司。但是，经济精英的传承只是看待地方政府变化的一种方式。政治是种充满戏剧性的事业，它涉及斗争、建立联盟、竞争和折衷。

在19世纪美国城市迅速发展之时，城市政体大权在握，因为它们支配着相当多的财富。最常见的是，一个精选的政客集团掌握着地方政府的控制权，并使它运转以获取钱财。这种安排被称为“政治机器”。该机器利用贪污和腐败来积聚有助于产生使其留在职位上的选票的现金。一架机器的首要特点是它只作为管理城市的手段来发挥作用，包括任免受到贪污腐败资助的支持者的地位。精英控制的这一特殊形式并不包含任何统治意识形态。目标是调动选票以保持权力，而其好处随后可能以现金回报的形式提供给行业利益集团。到19世纪末，社群领导者厌倦了与这一形式的管理相联系的腐败。进步的改革在进入20世纪时得到通过，它使地方政府变得更加专业、更加中产阶级化并更加诚实。在旧体制下，城市被划分为“行政区”，地方领导人在那里向居民提供恩惠以换取选票。候选人只需在自己的行政区中获胜，即可在市政府中占有一席之地。进步的改革废除了这一安排。它们将城市各个区段聚合成更大的区域，它们是混合性的，较少取决于特殊群体或个体的好感。在极端的情况下，进步改革使官员的选举取决于作为一个整体的城市人口的大多数选票。简言之，机器政治的改革通过区域的结合和可能代表地方利益的途径的削减改变了地方政府的结构。结果是更加需要共识的达成，因而也更需要一种更具**政治性**的地方政治。

英国与其他欧洲国家的经验相类似。20世纪50年代的市政社会主义（municipal socialism）是腐败的代名词，尤其是围绕着建筑合同而言。但联合后的政治要向当地居民交付地方服务和基础设施，而不是想象中的后80年代这一阶段的政治，它致力于利用地方官员为全球进步服务。

当前的情况完全相反，无论是城市政府还是郊区政府都没有什么权力。人口分散的扩张模式分裂了大都会区域，代表投票已经失去了它对地方局势的影响力（参见“扩张”、“多中心大都会区域”条目）。

出于这一原因，政治体制必须尽其所能来支撑必要的服务，并同时应对其日渐减少的资源。例如，1966 年，亚特兰大市的花费超过了它的郊区县，达到了 2∶1。然而，20 年后，在 1987 年，亚特兰大在扩展中的多中心区域内的服务上的开销只占 10%。那一地区中的郊区县已变得更加强大。

权力缩减的第二个原因是，对地方选举和政治事件的参与受到了限制。投票率非常低，而最优秀和最聪明的人不再对竞争官职感兴趣。在城市和郊区都存在政治服务品质方面的危机（例如，参见“教育与劳动力再生产”条目）。这种状态既不是中心城市内部的制造业和工业的衰退所致，也不是郊区居民不愿支付地方税赋所致。当公共服务质量下降时，当人们感觉到来自学校、道路、经济发展和减税等方面的不足所带来的压力时，这些担心就会被表达为地方大都会政策的内容。偶尔，不满会溢出，变成一种有组织的寻求改变的努力。当这种情况发生时，我们就会经历一场社会运动。该话题包含在“城市与郊区的社会运动”条目之内。

城市政治与规划

通常而言，政客的目标会通过利用声称有益于全体而实际上只是特殊利益集团的伪装规划项目来求取。一个例子是由地方政客领导的努力，它利用联邦政府的钱财来复兴市中心，号称“城市更新”（urban renewal）。大多数此类干预都旨在清除贫民窟，这样就可以将成千上万的低收入居民从美国城市的市中心迁走。没有任何鼓励投资可负担得起的住房的努力。相反，复兴其实意味着支持政客的公司利益集团现在获得了一条将金钱变成市中心房地产的途径。到头来，始于 20 世纪 60 年代的为期 20 年的城市更新工程留下了大量的城市空地，大多数市中心百货商场虽然建造了步行街，而且贫民窟住房得到了清除，可他们还在苦苦挣扎。

在20世纪60年代，另一种政治导向的规划出现了，它在本质上更具改革性。在对席卷全国的少数民族聚居区的暴乱作出反应时，美国城市选举出了改革派市长，利用规划这一工具来影响更平等的资源分配。这其中的一个例子是卡尔·斯托克斯（Karl Stokes）市长的管理，他是第一个被选举为一座大城市——俄亥俄州的克利夫兰——的领导人的非洲裔美国人。斯托克斯宣布了一种名为公平规划（equity planning）的新机制，旨在“给那些很少拥有特权（如果有的话）的人提供更多的机会”。从这一经验中出现了一种新的意识形态，它向城市规划者只不过是管理土地使用的技术员这一传统观念发起了挑战。取而代之的是，在斯托克斯治下的克利夫兰的规划者们力图获取支持由住房和公共交通构成的公共空间改善的权力和资源。这种城市规划者轮廓的改变也被称为群策群力的城市规划（advocacy planning），假如它因为并且为了地方社群的利益而得以实施的话（参见“规划”条目）。

在美国，不是所有人都支持规划者这一更积极的角色，它在很大程度上是个政治问题，这意味着，私营部门中有权有势的利益集团会反对将首要焦点放在公平规划上面，并以之取代更为传统的追求经济增长的规划。不过，卡尔·斯托克斯的克利夫兰管理部门取得了一项引人注目的胜利：因为是一个日益衰弱的州中的城市，一个强大的私营公用事业公司正致力于收购克利夫兰的一家只有靠持续的公共补贴的好处才能经营下去的国有电力公司。公平规划者知道，一旦公共事业被私有化，则可负担得起的电力就将丧失，穷人将会因此而受苦。通过一场有效的政治运动，这一私有化的努力最终遭到阻止。然而，这个案例指出了美国城市规划与地方政治之间的密切关系。通常的情况是，后者利用前者来达到自己的最终目的，这经常会带来负面的后果：赚取利润的行为得到补贴，而与此同时，城市继续走向衰落。

郊区政治

郊区政治较城市政治要直截了当得多。郊区有种最主要的利益——独栋家用住房的拥有权。郊区政治是业主政治，而郊区区域的选举官员往往是财产税的无党派管理人。他们的管理目标是维护郊区生活质量。最常见的情况是，这涉及针对汽车交通的适当的道路维护、充分的犯罪控制，以及为如公园、娱乐中心和市民活动这样的令人愉快之事物募集资金。如果说，美国城市的市长们因其人口下降而失去了其作为政治表演者重要性的话，那么郊区领导人的重要性就更低了，因为他们自一开始就从未拥有过多少影响力。大都会区域的支离破碎可谓声名狼藉，这意味着市中心官员不可能在其自己的管辖区域外获得多少选票。不过，郊区居民对这样的安排相当满意。他们用可接近性和对地方事务的关注来弥补了其政府在总体政治权力中所缺失的东西。郊区政治以一种虽然有限但很直接的方式为居民服务。一个将全国所有区域的郊区居民都调动起来的问题是增长的控制。这一话题在“城市与郊区的社会运动”条目中有所提及。

地方政治的性质

城市政治是社会中一支独立的力量还是要极大地依赖于它完全是从中派生出的经济？当然，地方政治之所以重要，正是因为它是城市和郊区拥有真正权力的唯一途径。它们作为政治单元而存在，即使空间形式已超越了它们的边界。出于这一原因，城市和郊区始终会作为区域性城市部署中的联合行动者而相互关联。精英力量的问题会怎样？是的，它们存在。但精英也会随着时间而改变，这取决于处于特殊发展阶段的地方区域中发挥作用的最强大的利益集团的影响力。最具影响力的并不总是房地产精英集团。在过去，工业家和铁路利益集团构成了城市精英。如今，金融和专业服务利益集团是影响市中心的精英。当郊区还缺少经验时，增长的利益似乎会控制政治。不过，随着它们的成熟，居民们变得更加关注对增长的控制，并避免它所带来的问题，如交通堵塞。影响的变量以及城市利益集团存有争议的性质使地方政府成了一种绝佳的方式，可用以说明并区分行动与我们社会变化中的结构性因素相关的地方活动之间的真正差异。

市民参与性

自治市的当地居民的积极参与据说是一种民主标志。一些有关复兴城市的新观点，如新城市主义，将拥有有所增加的参与当作一个核心目标（参见“新城市主义”条目）。不过，像其他我们已经检查过的概念一样，这个概念具有令人困惑的数组涵义。雪莉·阿恩斯坦（Sherry Arnstein，2003）进行了一项研究，试图厘清这些意义，并鉴别参与性在地方政治中所扮演的角色。她声称：“市民参与性是城市权力范畴的术语。使得目前被排除在政治和经济进程之外的贫穷市民得以在未来被有意识地包括进来的，正是权力的再分配。它是穷人借以加入对如何共享信息、如何设定目标和政策、如何分派税收资源、如何执行工程计划、如何分配契约和赞助之类的利益之战略（2003：236）。”

阿恩斯坦认为，有一种参与的类型学，从人们在其间仅仅是被受操纵的、被她称为“无参与”的最低层面，到市民在其间受到询问并被允许参加信息发布会的、被称为“表面文章”的二级层面，再到包括伙伴关系乃至控制权在内的、被她命名为“市民权力”的越来越多的参与。

阿恩斯坦还指出，市民参与的渴望一直受到联邦政策指导方针的影响，它通常会转变为当时存在的总统管理部门的政治意识形态的结果。在20世纪60年代，继城市中鲜明突出的社会不安定之后，联邦法律要求当地居民的“最大程度的切实参与”。这一要求在住房与城市发展部（HUD）运行的模范城市（Model Cities）计划中得到实施。后来，在70年代，当官僚们判定社区对联邦基金的控制权要求过多时，新的法律得到通过，要求所有的扶贫工程款项都要通过市政府来运作。城市被要求设立一个新的办事部门，即城市示范机构（CDA），以管理这些基金。CDAs将当地市民的参与减少到咨询层面，他们可以靠近但不能直接参与决策或拥有伙伴关系。其结果是，城市中的地方社区委员会仅仅变成了发展战略的规划和实施的顾问。

不是所有这段历史都导致了市民权力的削弱。阿恩斯坦写道，在许多城市，如俄亥俄的代顿和哥伦布市、明尼苏达的明尼阿波利斯、密苏里的圣路易斯、康涅狄格的哈特福德和纽黑文、加利福尼亚的奥克兰等，当地居民都能够保持当地模范城市委员会的多数性，并实施自己赞同的计划。结果，参与性问题涉及了能动性和集体活动的许多层面，它们导致了各种各样的结果，这些结果取决于官僚机构与居民间的，以及对所有人进行监控的联邦政府与通过与其意识形态相一致的国家法令的特殊利益集团间的政治权力平衡。

现在，市民参与性（citizen participation）这一概念已经为可持续增长社会运动所复兴。有关规划的主要观点，如新城市主义，也试图通过其对“集体讨论对话”机制的讨论来使当地居民对城镇规划的积极参与得到再度的复兴。（参见“可持续城市化”、“新城市主义”条目）

参考文献

Arnstein, S. 2003. ‘A Ladder of Citizen Participation.’ in R. LeGates and F. Stout (eds) *The City Reader*, 3rd Edition. London, UK: Routledge. pp. 244～254.

城市暴力与犯罪

当人们谈及犯罪时，他们通常说的是暴力犯罪以及暴力事件，尤其是随机的街头犯罪，它们是城市的痼疾。20 世纪 60 年代到 90 年代初期，与抢劫、街头行凶和涉及黑帮的枪击等有关的暴力活动如瘟疫般在美国城市区域蔓延。在城市和郊区也有大量财产犯罪的发生，但人们觉得这些活动没有各种暴力活动那样问题严重，这些暴力活动也更多地与大城市的市中心区域相关联。

1990 年，纽约、洛杉矶、芝加哥、休斯敦、费城和底特律全都有 500 起以上的谋杀案，这是个超过了一天一起的相当高的比率。例如，纽约有 2 245 起谋杀案，洛杉矶有 983 起，芝加哥有 851 起，休斯敦有 568 起。不过，就人均而言，像达拉斯、西雅图、底特律和安东尼奥这样的城市拥有最高的比率。财产犯罪也是一个城市区域的问题，尽管它也存在于郊区。1990 年，纽约城拥有 50 多万起财产犯罪事件，洛杉矶和芝加哥有 20 多万起，休斯敦也超过 16 万起。这些统计数据表明，城市是危险丛生之地。然而，在任何城市区域，犯罪都不是均衡分布的：它们发生在某些与众不同的区位，通常是市中心最贫穷的部分。所以，任何城市都有高犯罪区域和低犯罪区域，来访者应该了解这种差异。对于任何一座美国城市而言，尽管有令人不安的犯罪率，但总有一些相当安全的区域。

索菲·博迪-让德罗（Sophie Body-Gendrot，2003：84）竭力想表达某种深刻的思想，认为我们用以称呼城市暴力和犯罪的词汇将不同的冒犯行为混为了一谈。她注意到："在俄克拉荷马的轰炸、主街上的行凶抢劫、洛杉矶的暴动、柯伦巴因的屠杀或皇冠高地的种族对峙之间有何关联？提供了其关联的是记者和政客，他们用相同的术语——城市暴力、城市犯罪、暴乱、骚乱、动乱、不宁、城市威胁、叛乱、对峙、无法无天、轻微犯罪等等——来赋予此类事件以特征。近义词的使用使所有事情都显得如出一辙。”

但是，这些根本不是相同的术语，而且博迪-让德罗似乎不仅困惑到了令人绝望的地步，而且在论及她所论述话题的性质时，也犯了相当大的错误。在历史上，暴力确实是城市的特性，但其活动和起因则大相径庭。似乎只有从其在法国巴黎的优势地位出发的博迪-让德罗才相信，这些事件都被相同的词汇进行了笼而统之的概括，尽管证据显然恰恰相反。就伦敦的情况而言，这无疑是正确的，而博迪-让德罗显然认为它与某种全球性常态相一致。每当英国首都的犯罪数据发布时，它总是会引起轩然大波。当局的难处在于，犯罪数字的任何增长是有关增加的报告的作用，还是实际犯罪的结果。进一步来说，尽管女性被强奸和强暴猥亵罪的数量有所上升，但年轻男子却是伦敦犯罪的主要受害者。盗窃仍旧是最频繁的罪犯行为。持枪犯罪的上升也许会因谋杀案的上升而成为报纸头条。但是，在大多数伦敦市民看来，持枪犯罪的危险并不在他们考虑的核心范围之内，因为它最常发生在某些社区中，且与围绕毒品交易而展开的地盘之争有密切关联。伦敦是个错综复杂的城市，但相较于美国的城市区域而言，它也是个相对安全的地方，正像欧洲其他城市的情况一样。在了解了这些方面之后，我们还必须注意到，对于许多欧洲城市而言，如巴黎、伦敦、米兰、罗马和法兰克福，近期来自较不发达国家的移民已带来了空前的城市犯罪水平，以及这种关联所暗示的所有社会后果。

高犯罪率之所以令人不安，是因为它们影响到了人们利用空间的能力。如公园、广场和街道这样的公共空间是都市生活最具吸引力的特征。当这些空间因犯罪而无法使用时，那么它就会对生活在那里的吸引力产生负面影响，有能力离开的人便会搬到郊区去住。如今，许多城市区域公共空间的使用都十分有限。20 世纪 90 年代，一个在华尔街工作的年轻女子于傍晚去中央公园慢跑，正如许多每天都出于这一目的使用公共空间的人们一样。就是在这个非同寻常的一天，一群青少年进入了公园，并残忍地袭击了她。她先是被强奸，然后又遭到殴打，生命垂危。她奇迹般地活了下来，但这位城市专业人士变成了向犯罪宣战的活动的象征，这些活动旨在保持公共空间的吸引力和用途。

犯罪推高了公司和家庭的安全预算，导致数十亿美元花在为暴力活动的受害人提供的不必要的医疗开销上。它还能够破坏房产价值。在犯罪率高的城市区域，房产价值遭到打压。因此，处于犯罪猖獗区域中的无辜家庭会遭受双重的磨难，因为它们既是犯罪的牺牲品，在许多情况下，其房产价值还会受到减损。

在 20 世纪的后半段，城市犯罪大幅降低。1990 年至 1995 年，纽约城的整体犯罪率下降了 40％多，洛杉矶和休斯敦下降了 20％多，而其他城市，如费城、底特律和达拉斯，其犯罪率也都有所下降。有关这种下降的一种理论是，年轻成人和弱势男子的人口有所下降，而这个群体在历史上含有最高比例的犯罪者。犯罪率下降的另一个可能的原因是毒品吸食的减少。抢劫和盗窃的发生通常与毒品交易相关。枪击和随机的街头袭击的动机也与毒品买卖有关。事实上，统计数字显示了暴力犯罪与吸食毒品间的令人不安的关联。在 20 世纪 80 年代末和 90 年代初，强效纯可卡因是美国城市街头的主要问题。随着这种毒品吸食的减少和许多涉及毒品交易罪犯的被捕，暴力的城市犯罪也有所降低。

目前，城市和郊区都较它们在 20 世纪 90 年代的时候更加安全。暴力犯罪已有所降低。然而，财产犯罪的数字相对而言仍旧居高不下。例如，相较于欧洲，它在美国更是个令人困扰的问题。郊区和城市都受到汽车盗窃、信用卡盗窃、身份盗窃、抢劫和其他涉及财产盗窃活动的折磨。这些数字在不久的将来就会有所下降的可能性很小。但是，同样可以肯定的是，大多数大都会区域的居民担心的是暴力犯罪而非财产犯罪，对于前者而言，至少是在最近几十年中，其比率一直都在下降。

城市、郊区和农村的受害案件比率，1993～1998

根据全国犯罪受害案件调查（2000）：

“暴力和财产犯罪受害案件在1998年给城市居民造成了不成比例的影响。城市居民占美国人口的29%，而承受了全部暴力和财产犯罪的38%。”在1998年，52%的美国人口是郊区居民。他们经历了全部暴力和财产犯罪的47%。1993年至1998年，城市区域的年平均暴力犯罪率比农村的比率高出约74%，比郊区的比率高出37%。

城市犯罪受害者比郊区和农村居民更有可能受到陌生人的攻击——53%对47%和34%。

简言之，认为受害案件部分取决于居住地点的看法得到了证实。同样，当人们为了逃避犯罪而从城市搬到郊区时，他们是在按照精确的数据行事。

1976年至1998年，美国具有10万及以上人口的大城市中的凶杀数字占到了全部凶杀数字的50%。

暴力犯罪中的武器使用在城市为12%，在郊区地区为9%，在农村地区为8%。

城市中的男性所经历的暴力受害案件的比率比郊区和农村男性比率的总和高64%，比城市中的女性高47%。

种族暴力

最后，特别是在美国城市，一直存在种族骚乱的场景，这通常是对种族隔离和歧视的反应。尽管在容忍度和包容性方面已有所进步，但自20世纪以来，重大骚乱有所增加。据伯杰（Berger，1978：267）所言，1908年至1968年，主要的事件包括：

1908年——伊利诺斯州斯普林菲尔德；1917年——东圣路易斯；1919年——芝加哥；1921年——塔尔萨；1935年——哈莱姆；1943年——哈莱姆，底特律，洛杉矶；1960年——北卡罗来纳州格林斯博罗；1963年——伯明翰，萨瓦纳，坎布里奇，芝加哥，费城；1964年——杰克逊维尔，克利夫兰，圣奥古斯丁，泽西城，伊丽莎白，帕特森，哈莱姆，拜德—史岱文森，费城，罗切斯特，芝加哥；1965年——塞尔玛，瓦茨，芝加哥；1966年——瓦茨，芝加哥，克利夫兰和其他15座城市；1967年——底特律和其他175座城市；1968年——纽瓦克与其他157座城市。

参考文献

Berger，A. 1978. *The City：Urban Communities and their Problems*. Dubuque，Iowa：Wm. C. Brown and Co.

Body-Gendrot，S. 2002. ‘The Dangerous Others：Changing Views on Urban Risks and Violence in France and the United States’ in J. Eade and C. Mele (eds) *Understanding the City*. Oxford，UK：Blackwell. pp. 82～106.

National Crime Victimization Study. ‘Urban，Suburban，and Rural Victimization，1933～1998.’ US Department of Justice，Federal Bureau of Investigation，2000. Wash. DC：Government Printing Office，October，NCJ ＃ 182031.

城市化与城市主义

城市化（urbanization）和城市主义（urbanism）这两个词都很古老，有时都被用以描述基于城市的进程。现在，它们提出了这样一个问题：它们是否能够被扩展为指充分城市化了的区域概念。我们认为它们可以，而且从不那么严格的使用方面看，它们已经这样做了。例如，全球城市的论点时常将拥有大城市的区域并在一处说（参见“全球化”条目）。后现代方法常将范围广大的亚文化系于一处等等（参见“后现代和现代城市主义”条目）。

城市化

这个概念在传统上被定义为城市形成和城市发展的过程。城市化涉及社会活动遵照社会发展和变化的相互依赖的过程在空间中定位自己的方式。它的分析通常是历史性和比较性的。绘制城市化图表以及努力去理解大城市的兴衰起伏。

历史研究最关注城市化。它们试图回答下面这样的问题：城市最初是如何形成的？产生它们的条件是什么？早期城市是个什么样子？社会组织有没有存在的必要？没有了它，城市化就无法进行？

当代研究被分成针对世界发达区域的研究和针对世界相对不发达或发展中区域的研究。在先进国家，特别是那些位于西欧和美国的国家，城市化问题通常涉及去工业化及其后果的问题。向新的高科技和金融服务产业的转变十分重要，正如它们的社会后果对于劳动力中的结构转变而言十分重要一样。旧的和以前价值不高的住房的中产阶级化也是要解决的问题（参见“全球化”和“住房”条目）。在世界上的较不发达或发展中地区，城市化研究涉及大城市的爆炸性增长以及农村向城市的移民，因为它既会影响城市也会影响农村。这些话题实际上在传统上更多地与城市化过程有关。

20 世纪 40 年代，历史学家 V. 戈登·恰尔德（V. Gordon Childe）提出了一种城市发展理论（参见 Gottdiener and Hutchison，2000：26）。他的被称为城市革命（urban revolution）的论点时至今日依旧与第三世界的城市化研究有关，尽管在近期的研究中出现了一些批评言论。

城市革命

早期城市有如下十个特点：

（1）城市居民点人口密集，且区域广大。

（2）城市支持全天候的和有专职工作的手工艺人。

（3）农民生产受制于统治者的剩余农产品。

（4）有纪念碑式的公共建筑的出现。

（5）剩余农产品受到城市中的统治精英和教士的控制。

（6）城市是形成观念并记录它们的中心。

（7）城市是艺术中心。

（8）城市是“预测”科学的中心。

（9）城市组织建立在住宅而非亲属关系的基础之上。

（10）城市输入和输出，即城市居民会从事贸易。

这一理论的优点是，它准确地界定了早期文明能够支持所有不从事农产品生产的人群的方式。统治精英对剩余农产品的榨取和控制是支持城市生活层级社会组织类型的基础。V. 戈登·恰尔德观点的问题在于，它是种进化模式。近期的证据表明，城市发展是时断时续的，同时存在多个阶段，如基于农业经济的发展与科学和工艺的发展并驾齐驱。还有一些证据表明，在古代城市，如土耳其的加泰土丘（Catal Hyuk），向城市经济提供基础的关键因素是商业和贸易，而不是剩余农产品。事实上，纵观整个历史，城市都是服务于一个更大区域的活跃市场的所在地。我们不可能将某些形式的市场与古代世界被称为城市的定居点分隔开来，即使如今并非如此。

当代城市化

在21世纪之交，有28亿人生活在城市，占世界人口的47%。这样的集中许多都存在于城市化的区域，因为作为一种紧凑的城市形式的“城市”，它与同一个中心地区相联系的扩展的城市化区域之间通常并无区别。相反，无论在哪种情况下，据联合国的统计，在1950年，只有不到7.5亿人或29%的世界人口是城市居民（UNCHS，1987，2001）。到2006年，有超过一半的世界人口将生活在城市（UNCHS，1999）。在一个相当短的时期内的大规模的快速城市化被发展中国家推进到了一个极高的程度，在不久的将来，几乎所有人口增长都将发生在发展中国家的城市中。发展中国家的城市居民数量从1950年的不到3亿人（17%）激增至2000年的超过19亿人（40%），而这个数字在未来的30年中预期还会翻倍。生活在发展中国家城市区域的世界人口的份额从1950年的12%持续飞升至2000年的68%。到2015年，这一数字将达到世界人口的75%，发展中国家中的城市居民人数将与当前28亿的世界人口约略相当。总之，发展中世界的城市化是种爆炸性现象，充满了许多在将来只会变得更加恶化的社会问题。

发展中国家的城市化过程可通过城市数量和规模的增加来加以捕捉。拥有100万城市人口的大城市数量在20世纪后半段有所增加。大城市的数量已从1950年的80座增加到了2000年的365座。这种大城市的增加在发展中国家幅度更大，从1950年的31座增加到了2000年的242座（UNCHS，1999）。在过去20年中，大城市的数量翻了一番有余。此外，城市规模也迅速增加。在 1950 年，纽约是世界上唯一一个拥有 1 000 万以上居民的大城市；在 1975 年，在 5 个人口超千万的大城市中，有 3 个位于发展中国家；在 21 世纪之初，19 个人口超千万的大城市中有 15 个在发展中国家（United Nations Population Fund [UNFPA]，2000：6）。这些发展中国家人口超千万的大城市预期的增长速度要快于那些发达国家中的大城市。然而，在大多数情况下，“人口超千万的大城市”的概念实际指的是被称为多中心大都会区域的新空间形式，尽管范围广大的已建成的中央商业街区始终非常重要（参见“多中心大都会区域”条目）。

与传统的有边界的城市特征相反，新形式的安置空间可被赋予两个特征：它扩大到了一个范围广大的区域，且包含许多独立的中心，每个中心都拥有自身吸引工作者、购物者和居民的能力。不是世界上的每个国家都会经历多中心大都会增长（MMR）的新形式，但所有国家似乎都易受到产生了基于地区规模的巨型城市和城市化的城市发展过程的影响。这种爆炸式增长暗示了发展中国家巨大的社会危机。

城市主义

城市主义是以密集、多样性和复杂的社会组织为特征的生活方式。时至今日，这个术语最常指的是城市文化。可是，在这里，分析家们也将城市文化与郊区文化合而论之，尽管后者通常会以老套的术语来加以描述。两个地区都以高消费的生活方式和对先进的、基于信息的经济的参与为典型。城市主义在传统上一直与艺术、昂贵的晚餐、高级的娱乐和时尚的更为复杂的理解和消费有关。郊区生活的典型是家庭和私有住房，其中心是依靠汽车为主要交通模式，其日常生活体现了私人主义的价值观。这种鲜明的差异在今天是否能够得到判别尚不清楚，尽管毫无疑问，城市和郊区生活之所以不同，是因为各自的住房和交通模式——一个以高层建筑和公共交通为特征；另一个以独栋家用住房和汽车为特征（参见“行人与机动车”条目）。

有关城市主义的讨论通常会强调，城市生活对于陌生人和所谓的“离经叛道者”的宽容度比郊区更大。城市中有一些特殊的街区，它们只在夜晚才生机勃发，人们在那里从事聚会活动（更多的讨论参见“城市”条目）。城市理当比郊区更具有民族、种族和阶层方面的多样性。现在仍然有种含蓄的理解：城市人更感兴趣的是极力争取经济和社会关系中的优势，而生活在大都会区域的较为郊区化区域的人持有一种较稳定的职业观，只与其经过选择的朋友圈分享亲密关系。

如今，我们尚不清楚，这种鲜明的社会差异是否能够判定为城市主义与郊区主义之间的差异。近年来，多中心大都会区域中的所有区域都已变得日益多样化。移民不再将市中心选定为自己的最初居住地。亚文化充满了整个区域。对高消费的生活方式的强调似乎是所有区域的特征。

从历史上看，有一种理论致力于赋予大城市内部的生活以相对独到的特性。它得到了 20 世纪 30 年代芝加哥学派的路易斯·沃思的清晰表述（参见“芝加哥学派”、“城市”条目）。最近还有证据表明，市中心已经培育出了娱乐街区，在郊区是见不到规模如此广大的娱乐街区的，而它们所生产的夜间街头生活绝对是种城市现象（参见“夜生活与城市夜间景观”条目）。最后，我们必须有这样的观察：在论及发达国家真正的全球城市时，它们对艺术、音乐、舞蹈、时尚、设计、建筑以及其他所有曾被称为“高端文化”事物的容纳，在品质、数量和可获性方面都是前所未有的，其他任何空间形式所提供的体验都无法与之相提并论。

参考文献

Gottdiener，M. and R. Hutchison 2000. *The New Urban Sociology*，2nd Edition. NY：McGraw-Hill.

United Nations Center for Human Settlements (UNCHS) 1987. *Global Reports on Human Settlements*. Oxford, UK: Oxford University Press.

United Nations Center for Human Settlements (UNCHS) 1996. *An Urbanizing World*. Oxford, UK: Oxford University Press.

United Nations Center for Human Settlements (UNCHS) 1999. *Basic Facts on Urbanization*. Nairobi, Kenya: UNCHS Habitat.

United Nations Center for Human Settlements (UNCHS) 2001. *Cities in a Globalizing World*. London: UK: Earthscan.

United Nations Population Fund (UNFPA) 2000. *The State of World Population*. NY: UNFPA.

《世界城市研究精品译丛》总目

☑ 已出版，□ 待出版